Uma mulher singular

Vivian Gornick

Uma mulher singular

Memórias

tradução
Heloisa Jahn

todavia

Nota da autora

Leitor, cuidado: todos os nomes e características identificadoras foram alterados. Certos acontecimentos foram reordenados e alguns personagens e cenas são compósitos.

Leonard e eu estamos tomando café num restaurante em Midtown.

"E aí", começo. "Como vai sua vida ultimamente?"

"Tipo um osso de galinha encravado na goela", ele diz. "Não consigo engolir nem cuspir o osso. Minha única preocupação no momento é não engasgar."

Meu amigo Leonard é um gay espirituoso, inteligente, sofisticado quanto à própria infelicidade. A sofisticação é revigorante. Uma vez, um grupo formado por alguns de nós leu as memórias de George Kennan, depois nos encontramos para discutir o livro.

"Um homem civilizado e poético", disse um.

"Um guerreiro frio repleto de nostalgia", disse outro.

"Paixões modestas, ambições poderosas e um sentimento incessante de si próprio no mundo", disse um terceiro.

"Esse é o homem que me humilhou a vida toda", disse Leonard.

A tirada de Leonard a respeito de Kennan renovou em mim a emoção do revisionismo histórico — o drama domesticado de todo dia voltar a ver o mundo pelos olhos dos ofendidos — e me relembrou a razão pela qual somos amigos.

Acreditamos, Leonard e eu, na política do dano. A sensação ingente de ter nascido no seio da desigualdade social preestabelecida arde intensamente em cada um de nós. Nosso tema é a vida não vivida. A pergunta que nos fazemos é: Será que teríamos fabricado a desigualdade caso já não houvesse uma ali, pronta — ele é gay, eu a Mulher Singular — para acolher nossas queixas? A essa pergunta se devota nossa amizade. A pergunta, na verdade, define essa amizade — lhe confere sua personalidade e seu jargão — e contribuiu mais para esclarecer a natureza misteriosa das relações humanas habituais do que qualquer outra intimidade que eu já tenha conhecido.

Já faz mais de vinte anos que Leonard e eu nos encontramos uma vez por semana para uma caminhada, um jantar e um cineminha, no bairro dele ou no meu. Fora as duas horas no cinema, raramente fazemos outra coisa senão falar. Um de nós está sempre dizendo: Vamos comprar ingressos para uma peça, um concerto, uma leitura, mas nenhum de nós parece ter a capacidade de organizar um programa noturno antes da hora em que combinamos nos encontrar. O fato é que nossa conversa é a mais prazerosa para ambos, e não conseguimos abrir mão dela nem por uma semana. O jeito como nos sentimos em relação a nós mesmos quando estamos conversando é que cria o magnetismo muito intenso que um exerce sobre o outro. Uma vez, dois fotógrafos diferentes tiraram fotos de mim no mesmo dia. Nas duas imagens, quem aparecia era eu, incontestavelmente eu, só que para mim o rosto em uma das fotos parecia fraturado e anguloso, enquanto o da outra estava íntegro. Com Leonard e comigo é a mesma coisa. A autoimagem que cada um projeta no outro é a mesma que abrigamos na cabeça: a que nos faz sentir-nos coerentes.

Então por que, seria o caso de perguntar, a gente não se encontra mais do que uma vez por semana, não desfruta mais do mundo juntos, não proporciona um ao outro o prazer da conversa cotidiana? O problema é que nós dois temos tendência a ser negativos. Seja qual for a circunstância, para nós o copo está perpetuamente semivazio. Ou Leonard está com uma sensação de perda, fracasso, derrota — ou eu é que estou.

Não conseguimos evitar. Gostaríamos que não fosse assim, mas é desse modo que a vida se apresenta para cada um de nós: e o modo como a vida se apresenta é inevitavelmente o modo como a vida é vivida.

Uma noite, numa festa, entrei numa discussão com um amigo nosso, famoso pela competência em debater. No começo, reagi nervosamente a todas as provocações dele, mas não demorei a tomar pé, e a partir daquele momento mantive o domínio do território melhor do que ele. As pessoas me cercaram. Você foi incrível, diziam, incrível. Ansiosa, me virei para Leonard. "Você estava nervosa", ele disse.

Em outra ocasião, viajei para Florença com minha sobrinha. "Como foi?", perguntou Leonard. "A cidade estava uma delícia", respondi, "minha sobrinha é demais. Sabe, é difícil passar vinte e quatro horas por dia com uma pessoa durante oito dias, mas nós duas viajamos bem juntas, andamos vários quilômetros ao longo do Arno, o rio é lindo." "Que *triste*", disse Leonard. "Você ter se irritado por passar tanto tempo com sua sobrinha."

Numa terceira ocasião, fui para a praia no fim de semana. Um dia choveu, o outro foi de sol. De novo, Leonard me perguntou como tinha sido. "Refrescante", eu disse. "Você não se abateu com a chuva...", ele respondeu.

Busco na memória o som que *minha* voz pode ter. Minha voz, sempre afiada ao julgar, e que além disso nunca deixa de registrar a lacuna, a ausência, a incompletude. Minha voz que tantas vezes faz os olhos de Leonard lançarem faíscas e sua boca se contrair.

Depois de uma noitada juntos, um ou outro de nós sempre sugere num impulso que a gente se encontre outra vez durante a semana, mas só raramente o impulso perdura o suficiente para virar ato. Estamos sendo sinceros, claro, no momento das despedidas — não queremos outra coisa senão renovar o contato imediatamente —, mas já no elevador, subindo para meu apartamento, começo a sentir na pele o efeito sensorial de uma noite repleta de ironia e juízos negativos. Nada sério, só danos superficiais — mil alfinetadas minúsculas espetando braços, pescoço, peito —, mas em algum lugar dentro de mim, um lugar que não consigo nem mesmo identificar, começo a me esquivar da perspectiva de sentir aquilo de novo numa ocasião próxima.

Passa-se um dia. Depois outro. Preciso ligar para o Leonard, digo para mim mesma, mas uma e outra vez a mão que vai se estender para o telefone permanece imóvel. Ele, claro, deve estar sentindo o mesmo, pois também não telefona. O impulso não transformado em ação se acumula e vira falta de coragem. A falta de coragem se solidifica na forma de tédio. Quando o ciclo de sentimentos contraditórios, falta de coragem e força de vontade paralisada se completa, a vontade de que haja um novo encontro ganha urgência e a mão que se estende para o telefone completa a ação. Leonard e eu nos consideramos íntimos porque nosso ciclo se completa em apenas uma semana.

Ontem, saí do supermercado do fim do meu quarteirão e de canto de olho registrei o mendigo que sempre ocupa o espaço da frente da loja: um homenzinho branco de mão perpetuamente estendida e rosto coberto de vasos sanguíneos rotos. "Preciso de alguma coisa para comer", choramingava, como sempre. "Só isso, alguma coisa para comer, qualquer trocado, só alguma coisa para comer." Ao passar por ele, ouvi uma voz dizer, logo atrás de mim: "Aqui, amigo. Você quer alguma coisa para comer? Pegue alguma coisa para comer". Me virei e vi um homem preto baixinho, de olhos frios, parado na frente do mendigo com um pedaço de pizza na mão estendida. "Hmm, cara", implorou o mendigo, "você sabe o que eu..." A voz do homem ficou tão fria quanto seus olhos. "Você falou que queria alguma coisa para comer. Aqui está alguma coisa para comer", repetiu. "Comprei isto para você. *Coma!*" O mendigo se encolheu perceptivelmente. O homem que estava na frente dele se virou e, num movimento de profunda aversão, jogou a pizza na lixeira.

Ao chegar ao meu prédio, não consegui deixar de parar para contar a Jose, o porteiro — precisava contar a *alguém* —, o que tinha acabado de acontecer. Os olhos de Jose se arregalaram. Quando acabei, ele disse: "Ah, senhorita Gornick, sei muito bem o que você quer dizer. Uma vez levei a maior bofetada do meu pai por essa mesma razão". Foi minha vez de arregalar os olhos. "A gente tinha ido assistir a um jogo de bola e um vagabundo me pediu alguma coisa para comer. Fui comprar um cachorro-quente e dei para ele. Meu pai me deu um tapa na cara. 'Se você quer fazer uma coisa desse tipo, faça direito', disse ele. Não se compra um cachorro-quente para alguém sem comprar também um refrigerante!"

Em 1938, poucos meses antes de morrer, Thomas Wolfe escreveu a Maxwell Perkins: "Tive uma 'inspiração' e fiquei com vontade de lhe escrever para contar... Sempre vou pensar em você e me sentir em relação a você como naquele 4 de Julho, há três anos, quando você foi me encontrar no navio e nós dois fomos até o café perto do rio e tomamos um aperitivo e depois fomos até o topo do edifício alto e toda a estranheza e a glória e a potência da vida e da cidade ficaram abaixo de nós".

A cidade, claro, era Nova York — a cidade de Whitman e Crane —, o contexto legendário do mito de criação do jovem gênio que chega à capital do mundo, como num quadro secular de anunciação, com a cidade à espera dele e unicamente dele para atravessar a ponte, cruzar o bulevar e subir ao topo do edifício mais alto, onde finalmente será reconhecido como a figura heroica que sabe que é.

Nem um pouco a minha cidade. A minha é a cidade dos ingleses melancólicos — Dickens, Gissing, Johnson, especialmente Johnson —, a cidade onde nenhum de nós está indo a lugar nenhum, pois já estamos lá, nós, os eternos simplórios que percorrem essas ruas cruéis e maravilhosas em busca de uma identidade refletida no olhar de um estranho.

Na década de 1740, Samuel Johnson percorria as ruas de Londres para se curar de uma depressão crônica. A Londres que Johnson percorria era uma cidade pestilenta: esgotos a céu aberto, doença, pobreza; carência; iluminada por lanternas fumegantes; homens degolando uns aos outros à meia-noite nas ruelas desertas. Era a essa cidade que Johnson se referia ao dizer: "Quando um homem se cansa de Londres, é porque se cansou da vida".

Para Johnson, a cidade sempre foi a maneira de se erguer das profundezas, o lugar que acolhia seu enorme incômodo, seu desconforto monumental. A rua o resgatava do isolamento melancólico, reintegrava-o à humanidade, ressuscitava nele a generosidade inata, devolvia-lhe a calidez do intelecto. Na rua, Johnson fazia suas observações indeléveis; nela, encontrava sua sabedoria. Tarde da noite, quando saía à caça de conversas de bar, sentia o alívio de ver a própria carência espelhada na companhia que encontrava: os que bebiam e falavam do Homem e de Deus até o sol despontar porque, como ele, ninguém ali estava querendo voltar para casa.

Johnson detestava e temia a vida de cidade pequena. As ruas fechadas, silenciosas levavam-no ao desespero. Na cidade pequena, sua presença refletida estava ausente. A solidão ficava insuportável. O sentido da cidade era tornar a solidão suportável.

Sempre morei em Nova York, mas passei boa parte da vida desejando viver na cidade, exatamente como faria o morador de uma cidade pequena, impaciente por chegar à capital. Crescer no Bronx foi como crescer numa cidade pequena. Desde o início da adolescência, eu sabia que existia um lugar que era o centro do mundo — e que eu estava distante dele. Ao mesmo tempo, também sabia que bastava uma viagem de metrô para chegar a Downtown Manhattan. Manhattan era a Arábia.

Aos catorze anos, comecei a fazer essa viagem de metrô, andando ao longo e ao largo da ilha tanto no fim do inverno como em pleno verão. A única diferença entre mim e alguém como eu chegando do Kansas era que no Kansas a pessoa dá o salto solitário do imigrante uma vez só e para sempre, enquanto eu fazia muitas viagens pequenas até a cidade, voltando repetidamente para casa em busca de conforto e apoio, apatia e protelação, antes de tentar a sorte grande. Descendo a Broadway, subindo a Lexington, cruzando a rua 57, de rio a rio, passando pelo Greenwich Village, Chelsea, Lower East Side, mergulhando até Wall Street, subindo até Columbia. Passei anos percorrendo essas ruas, empolgada e expectante, voltando toda noite para minha casa no Bronx, onde ficava à espera de que a vida começasse.

Do meu ponto de vista, o West Side era um longo retângulo de edifícios de apartamentos repletos de artistas e intelectuais; essa riqueza, espelhada no East Side por dinheiro e posição social, tornava a cidade glamourosa e dolorosamente excitante. Era um gosto que eu podia sentir na boca: mundo, puro mundo. Assim que eu tivesse idade suficiente, Nova York seria minha.

Quando crianças, minhas amigas e eu explorávamos as ruas da vizinhança, ampliando as fronteiras à medida que crescíamos, setor a setor, até virarmos meninas trilhando o Bronx como se estivéssemos fazendo uma expedição ao interior. Usávamos as ruas do jeito que crianças que crescem no campo usam campos e rios, montanhas e cavernas: para nos posicionarmos no mapa do nosso mundo. Passávamos horas andando. Aos doze anos, percebíamos instantaneamente quando o modo de falar ou a aparência de alguém que viesse em nossa direção estava ligeiramente fora do tom. Se um homem se aproximasse e dissesse: "E então, garotas, como vão as coisas? Vocês moram por aqui?", sabíamos. Se a mulher não estava andando com propósito na direção da rua comercial, sabíamos. Também sabíamos que o fato de saber nos excitava. Quando alguma coisa esquisita acontecia — e não era preciso muito para que considerássemos alguma coisa esquisita, já que nosso sentido de regra era estrito —, depois passávamos horas analisando essa coisa.

Um amigo dos tempos do secundário me apresentou as ruas da Upper Manhattan. Tantas línguas, peculiaridades tão surpreendentes de aparência — homens barbados, mulheres vestindo preto e prata. Dava para perceber que aquelas pessoas não eram da classe trabalhadora..., mas de que classe elas *eram*? E depois, os ambulantes! No Bronx, um certo vendedor de frutas e legumes podia anunciar: "Moça! Hoje tenho tomates frescos!". Mas aqui, as pessoas na calçada vendiam relógios, rádios, livros, joias — que apregoavam aos brados, em vozes insistentes. E não apenas isso, mas os homens e mulheres que passavam entravam no jogo: "Por quanto tempo esse relógio vai funcionar? Até eu chegar à esquina?". "Conheço o cara que escreveu esse livro, que não vale um dólar." "Onde você arrumou esse rádio? Amanhã de manhã a polícia bate lá em casa, não é mesmo?" Quanto movimento, quanta animação! Pessoas que não se conheciam conversando umas com as outras, dando risada, soltando exclamações, franzindo o rosto de prazer, estourando de raiva. O que mais nos fascinava era a ousadia do gesto e da expressão que víamos por todo lado: o flerte estiloso, a sagacidade das conversas, pessoas provocando reações inteligentes, exuberantes, umas nas outras e em si mesmas.

Na faculdade, outro amigo percorreu comigo a West End Avenue. Eu nunca tinha visto uma rua tão larga e tão majestosa quanto aquela, com porteiros posicionados na entrada dos edifícios de apartamentos de altura imponente que guarneciam os dois lados da avenida ao longo de dois quilômetros e meio. Meu amigo me falou que naqueles grandes edifícios de pedra viviam músicos e escritores, cientistas e emigrados, bailarinos e filósofos. Em pouco tempo, nenhuma excursão a Downtown ficava completa sem uma caminhada pela West End, da rua 107 até a 72. Para mim, a avenida ficou sendo emblemática. Se algum dia eu morasse naquele lugar, seria porque havia chegado lá. Eu não sabia muito bem se seria a moradora artista/intelectual ou se estaria casada com essa pessoa — na verdade, não conseguia me ver assinando o contrato de locação —, mas tudo bem; de uma forma ou de outra, estaria vivendo no apartamento.

No verão, íamos a concertos no Estádio Lewisohn, o vasto anfiteatro no campus da City College. Foi lá que ouvi Mozart e Beethoven e Brahms pela primeira vez. Esses concertos deixaram de acontecer em meados da década de 1960, nas no fim da década de 1950, sentada naquelas arquibancadas de pedra julho após julho, agosto após agosto, eu sabia, simplesmente *sabia*, que os homens e as mulheres que me cercavam viviam na West End Avenue. Enquanto a orquestra fazia a afinação e as luzes eram reduzidas na noite amena, estrelada, eu podia sentir todo aquele público inteligente se inclinando para a frente como um só corpo, ansiando pela música, indo na direção da música, na direção de si mesmos *na* música: como se o concerto fosse uma extensão a céu aberto do contexto de suas vidas. E eu, tão inteligentemente quanto eles, esperava, também me inclinava para a frente, mas sabia que não fazia mais do que imitar aquele movimento. Ainda não havia conquistado o direito de amar a música tanto quanto eles. Alguns anos depois, comecei a ver que era perfeitamente possível que nunca conquistasse.

Diante do fato de que eu me via deslizando cada vez mais na direção da margem social, nada restaurava tanto meu coração magoado e raivoso do que uma caminhada pela cidade. Ver, na rua, as cinquenta maneiras diferentes como as pessoas se esforçam para permanecer humanas — a variedade e a inventividade das técnicas de sobrevivência — era sentir um alívio na pressão, o escoamento do excesso. Eu sentia em meus terminais nervosos a recusa coletiva a submergir. Essa recusa passou a ser uma companhia. Nunca estive menos sozinha do que sozinha na rua apinhada. Ali, constatei, eu *conseguia* imaginar a mim mesma. Ali, pensava, estava ganhando tempo. Que ideia: ganhar tempo. Uma ideia que partilhei com Leonard durante anos.

Fiquei adulta e fui morar em Downtown, mas a verdade é que nada saiu como eu tinha imaginado. Fui para a faculdade, mas o diploma não resultou num escritório na Midtown. Casei com um artista, mas morávamos no Lower East Side. Comecei a escrever, mas ninguém que morasse acima da rua 14 lia o que eu escrevia. Para mim, as portas da sociedade dourada não se abriam. O empreendimento fulgurante se mantinha a uma certa distância.

Sou conhecida entre meus amigos por minha indiferença a adquirir coisas. As pessoas fazem troça de mim porque não dou a impressão de desejar nada; inclusive, não sei o nome de nada, não sou capaz de diferenciar o que é falso do que é genuíno, o elegante do medíocre. Não se trata do desinteresse de uma mente elevada; na verdade, as coisas sempre me fizeram entrar em pânico; um constrangimento de camponesa com cor, textura, abundância — glamour, diversão, malícia — é a razão do desconforto. Passei a vida me virando com pouco porque "troços" me deixam nervosa.

Leonard desenvolveu um estilo de vida que aparentemente é o absoluto inverso do meu, mas, verdade seja dita, acho que são imagens espelhadas. Abarrotado de gravuras japonesas, tapetes indianos e móveis do século XVIII com estofamento de veludo, o apartamento dele parece um conjunto de salas de museu de que ele é curador. Percebo que está preenchendo seu ambiente físico tão desesperadamente quanto eu não estou. Mesmo assim, ele nunca ficou à vontade no apartamento dele, assim como eu não fico no meu; é outro que precisa sentir concreto debaixo dos pés.

Depois que terminei a faculdade, Nova York, para mim, virou sinônimo de Manhattan, mas para Leonard, que também cresceu no Bronx, Nova York continuou sendo os bairros arredores. Já na época em que o conheci — há mais de trinta anos agora —, ele percorria as ruas como eu nunca havia feito: Brooklyn, Queens, Staten Island. Conhecia Sunnyside, Greenpoint, Red Hook; Washington Heights, East Harlem, South Bronx. Sabia o que significava uma rua comercial do Queens com metade das lojas fechadas com tapumes, uma peça do Waterfront do Brooklyn restaurada, um terreno ajardinado do Harlem coberto de flores de aspecto doentio, um depósito às margens do East River transformado em bazar do Terceiro Mundo. Ele sabia quais projetos habitacionais estavam dando certo e quais eram um desastre. E não era só as ruas que ele conhecia. Conhecia os píeres, os terminais ferroviários, as linhas de metrô. O Central Park e o Prospect Park, sabia de cor. Conhecia as pontes para pedestres que cruzam o East River; os ferries, os túneis, os anéis viários. Conhecia Snug Harbor e City Island e Jamaica Bay.

Muitas vezes, ele me lembrava os meninos de rua dos filmes italianos do pós-guerra: aquelas crianças bonitas, esfarrapadas dos filmes de Rossellini, que se confundiam com Roma por conhecer a cidade pelo avesso. Era assim que eu via Leonard sempre que fazíamos uma de nossas longas caminhadas pelos bairros: famintos por informação, como só um filho da classe trabalhadora pode estar; pelo tipo de informação que o transforma em proprietário do solo que pisa. Com ele como guia, os bairros se desenrolavam por quilômetros e mais quilômetros em todas as direções, muitas vezes com ar de terra inóspita a meus olhos desinformados, até que eu começava a vê-los do modo como Leonard os via: um mar incomparável de guetos eternamente injetando nova vida num retângulo de glamour e prosperidade.

Durante aquelas nossas caminhadas, era comum que o sentido de tempo-e-espaço se alterasse enquanto andávamos. O conceito de "horas" se evaporava. As ruas se transformavam numa longa faixa de caminho livre estendido diante de nós, com nada que impedisse nosso avanço. O tempo se expandia e ficava parecendo o tempo da infância, que dava a sensação de não acabar nunca, diferentemente do tempo de agora: sempre escasso, sempre premente, sempre uma baliza fugidia de nosso bem-estar emocional.

Numa festa em Nova York, Jim se aproxima afobado de mim. Sarah cumprimenta e vira de costas. Um ano atrás eu estava muito próxima dele, dois anos atrás, dela. Esta noite me dou conta de que faz três meses que não o vejo, seis que não a vejo. Uma mulher que mora a três quarteirões do meu apartamento vem falar comigo, olhos brilhantes. "Que saudade!", e suspira fundo, como se fôssemos amantes em tempos de guerra, separados por forças fora do nosso controle. "É mesmo", concordo, e vou em frente. Nos abraçamos, felizes, eu e todas essas pessoas: nenhum olhar de recriminação, nem uma só sílaba de crítica entre nós. E na verdade não há razão para recriminações. Como pecinhas de um caleidoscópio depois de agitado, simplesmente mudamos de posição no esquema da partilha de intimidade. Muitos de nós, que há não tanto tempo nos frequentávamos com regularidade, hoje nos encontramos mais por acaso que de propósito: num restaurante, no ônibus, numa festa de casamento. Ah, olha alguém que não vejo há anos. De repente um lampejo de intensidade e passamos a nos encontrar uma vez por semana durante os seis meses seguintes.

Frequentemente sou lembrada das amizades de infância no condomínio — tanto das circunstanciais como das outras. Mulheres redondas, de olhos escuros, repletas de compreensão tácita quanto às necessidades do momento. Que diferença fazia se a vizinha da porta ao lado se chamava Ida ou Goldie quando você precisava de alguém que lhe emprestasse dez pratas ou indicasse um aborteiro ou balançasse a cabeça em sinal de apoio durante uma explosão de fúria conjugal? A única coisa que importava era ter uma vizinha na porta ao lado. Como Sartre talvez dissesse, eram vínculos contingentes mais que essenciais.

Quanto ao que nos diz respeito: nunca antes na história tanta inteligência culta foi aplicada à ideia do eu insubstituível — essencial; e nunca antes a aversão à mais insignificante parcela de mal-estar psicológico permitiu que tantas pessoas fossem tratadas como o Outro contingente.

Caio, o autor romano do século III, tinha consciência de que suas inúmeras dificuldades com a amizade começavam por sua incapacidade de fazer as pazes consigo mesmo. “Nenhum homem tem o direito de contar com a amizade dos outros”, escreveu, “se não for amigo de si mesmo. É esse o primeiro grande dever da humanidade: a amizade consigo mesmo. Há milhares de pessoas que não só são hostis a si mesmas como distorcem as melhores intenções dos outros em ser-lhes úteis; muitas vezes essas mesmas pessoas são as que manifestam as queixas mais eloquentes de que ‘não existe no mundo isso que chamam amigo!’”

Samuel Taylor Coleridge adorava uma definição de amizade que personificava um ideal cujas origens podiam ser rastreadas até Aristóteles. Vivendo numa época em que as pessoas providas de sensibilidade ansiavam por comunhão de espírito, Coleridge se ressentia do fato de que esta frequentemente deixasse de se materializar sob a forma de amizade; mas o desapontamento não abalou sua convicção, nem sequer quando ele perdeu a amizade que, para ele, definia todas as outras.

Coleridge e William Wordsworth se conheceram em 1795, quando os dois contavam, respectivamente, vinte e três e vinte e cinco anos de idade. Mesmo na época, Wordsworth — sério, suscetível, reservado — encontrava estabilidade na convicção íntima de uma futura grandeza como poeta; Coleridge, de seu lado — brilhante, explosivo, inseguro às raias da instabilidade —, já era usuário de ópio. Qualquer um, fora eles, podia ver que aquilo não ia dar certo. Em 1795, porém, estavam nascendo um novo mundo, uma nova poesia, uma nova maneira de ser e, naquele momento, tanto Wordsworth como Coleridge, ambos sentindo em si a formação do novo, comprovavam sua existência ao vê-lo refletido na pessoa do outro.

A paixão durou pouco mais de um ano e meio. Passado esse período, o caos interno de Coleridge duplicou em força; em Wordsworth, o orgulho se cristalizou numa quase imobilidade. A pessoa que cada um deles havia sido ao longo de quase dois anos — essa pessoa que se deliciava na fruição incessante do outro — deixou de existir. Não se trata exatamente de que tivessem voltado a ser as pessoas que haviam sido antes; era apenas que nunca mais nenhum dos dois sentiria que era seu melhor eu na presença do outro.

Nosso melhor eu. Durante séculos, esse foi o conceito-chave subjacente a toda definição essencial de amizade: o fato de que nosso amigo é um ser virtuoso que se comunica com a virtude que está em nós. A que distância está esse conceito dos filhos da cultura terapêutica! Hoje não buscamos, e muito menos afirmamos, nosso melhor eu um no outro. Ao contrário, é a facilidade com que admitimos nossas inaptidões emocionais — o medo, a raiva, a humilhação — que aciona os laços de amizade contemporâneos. Nada nos aproxima mais uns dos outros do que a medida em que expomos nossa vergonha mais íntima abertamente na presença um do outro. A ideia de uma exposição desse tipo horrorizava Coleridge e Wordsworth; nós a adoramos. O que queremos é nos sentir *conhecidos*, defeitos e tudo: quanto mais defeitos, melhor. A grande ilusão da nossa cultura é que aquilo que confessamos é aquilo que somos.

Todas as noites, quando apago as luzes da sala de meu apartamento no décimo sexto andar antes de ir para a cama, sinto um impacto de prazer ao ver o amontoado de janelas iluminadas erguendo-se para o céu, aglomeradas em torno de mim, e me sinto abraçada pelo estoque anônimo de moradores da cidade. Esse enxame de colmeias humanas, que também pendem, ancoradas no espaço, é o design de Nova York oferecendo conexão genérica. O prazer que ele proporciona é um alívio que vai além de toda explicação.

O telefone toca. É Leonard.

"O que você está fazendo?", ele pergunta.

"Lendo Krista K", respondo.

"Quem é essa?", ele pergunta.

"Quem é essa?!", respondo. "Uma das escritoras mais famosas da Europa do Leste."

"Ah", diz ele sem se impressionar. "Como é o livro?"

"Meio claustrofóbico." Suspiro. "A maior parte do tempo você não sabe direito onde está, nem quem está falando. E depois, a cada vinte páginas mais ou menos, ela diz: 'Esta manhã encontrei o G. Perguntei por quanto tempo ele acha que a gente consegue continuar assim. Ele deu de ombros. É, respondi'."

"Ah", responde Leonard. "Um desses. Chaaato."

"Me diga uma coisa", respondo, "você nunca se incomoda por falar como um filisteu?"

"Os filisteus eram um povo muito injustiçado", diz ele. "Você tem visto o Lorenzo ultimamente?"

"Não, por quê?"

"Ele voltou a beber."

"Ah, meu Deus! Qual é o problema agora?"

"Qual é o problema *agora*? O que *não* é problema agora? Quando é que o Lorenzo acha que está tudo em ordem?"

"Você não pode falar com ele? Conhece ele tão bem."

"Mas eu *falo* com ele. Ele concorda com tudo que eu digo. Eu sei, eu sei, diz ele, você tem razão, preciso tomar jeito, obrigado por me dizer isso, fico muito grato, não sei por que faço merda, simplesmente não sei."

"E *por que* ele faz merda?"

"Por quê? Porque quando não está fazendo merda ele não sabe quem ele é."

A voz de Leonard ficou exaltada.

"É inacreditável", continua, "a zona que é a cabeça dele. Pergunto a ele: O que você quer, afinal, o que é que você *quer*?"

"Me diga", interrompo-o, "o que é que *você* quer?"

"Touché." Leonard dá uma risada seca.

Seguem-se alguns longos segundos de silêncio vital.

"A vida inteira", diz ele, "eu só soube o que *não* quero. Sempre tive um espinho cravado no peito e sempre pensei: Quando esse espinho for removido eu penso no que quero. Mas quando aquele espinho específico era removido, eu ficava me sentindo vazio. Pouco tempo depois, cravavam outro espinho no meu peito e aí, de novo, a única coisa que eu conseguia pensar era em me livrar do espinho no meu peito. Nunca tive tempo de pensar no que *quero*."

"Quem sabe em algum ponto disso está a razão pela qual Lorenzo bebe."

"É lamentável", diz Leonard em voz baixa. "Na minha idade, ter tão pouca informação. Agora, se a Krista K resolvesse escrever a respeito *disso*, eis aí uma coisa que me interessaria. O único problema é que ela acha que 'informação' é aquilo de que a KGB andava atrás."

Na farmácia encontro Vera, de noventa anos, uma trotskista do meu passado remoto que mora no bairro, num quarto andar sem elevador, e cuja voz está sempre regulada no tom enfático que convém ao comício. Está à espera de que aviem sua receita, e como faz muito tempo que não a vejo proponho, num impulso, esperar com ela. Sentamo-nos em duas das três cadeiras alinhadas perto do balcão dos remédios, eu no centro, Vera à minha esquerda e, à minha direita, um homem de aspecto agradável lendo um livro.

"Você ainda mora no mesmo lugar?", pergunto.

"E onde mais poderia ser?", ela responde, em volume suficiente para que um homem que está na fila da retirada dos remédios se vire na nossa direção. "Mas sabe de uma coisa, querida? Graças às escadas, eu continuo forte."

"E o seu marido, dá conta das escadas?"

"Ah, ele...", diz ela. "Morreu."

"Sinto muito", murmuro.

A mão dela afasta o ar para longe.

"Não era um bom casamento", declara. Três pessoas que estão na fila se viram para nós. "Mas sabe de uma coisa? No fim das contas, não faz diferença."

Confirmo com a cabeça. Entendo o que ela diz. O apartamento está vazio.

"Uma coisa eu preciso dizer", ela continua. "Ele não era um bom marido, mas era um ótimo amante."

Percebo um leve sobressalto no corpo do homem sentado ao meu lado.

"Bem, não há dúvida de que isso é importante", digo.

"Menino! Que amante! Conheci ele em Detroit, durante a Segunda Guerra. A gente cuidava da organização. Naquele tempo, todo mundo dormia com todo mundo, e eu também. Mas você não vai acreditar..." E nesse ponto ela abaixa a voz dramaticamente, como se tivesse um segredo de alguma importância a revelar. "A maioria dos caras com quem fui para a cama... Não eram bons de cama. Na verdade, eram ruins, *muito* ruins."

Agora percebo que o homem à minha direita está segurando uma risada.

"De modo que quando você encontra um que é bom..." — Vera estremece. — "Você segura o cara."

"Entendo exatamente o que você quer dizer", respondo.

"É mesmo, querida?"

"Claro que entendo."

"Você está me dizendo que eles continuam ruins?"

"Ouça só a nossa conversa!", digo. "Duas velhas falando de amantes horríveis."

Dessa vez, o homem ao meu lado ri alto. Me viro e olho bem para ele.

"A gente continua dormindo com os mesmos caras, não é mesmo?", digo.

Sim, ele confirma com a cabeça. "E com a mesma dose de satisfação."

Por uma fração de segundo, nós três trocamos olhares e depois, todos ao mesmo tempo, começamos a rir feito loucos. Quando as gargalhadas cessam, estamos exultantes. Juntos atuamos e em separado fomos recebidos.

Ninguém está mais surpresa do que eu por eu ter virado a pessoa que sou. Em amor, por exemplo. Eu sempre havia imaginado que, nesse aspecto, era como todas as outras garotas da minha geração. Ao passo que maternidade e casamento nunca haviam detido meu interesse e que me imaginar em alguma barricada revolucionária era uma extravagância entre minhas colegas de classe, sempre soube que um dia o Príncipe Encantado apareceria na minha frente, e que quando isso acontecesse a vida assumiria seu formato definitivo: *definitivo* sendo o termo operacional. Na real, apareceram diversos espécimes de PEs, só que em matéria de "definitivo" não apareceu nada. Até os trinta e cinco anos de idade, minha experiência de cama foi equivalente à de qualquer uma de minhas amigas; com essa idade, eu também já havia passado por dois casamentos e dois divórcios. Cada um dos casamentos durou dois anos e meio, e cada um deles foi contratado por uma mulher que eu não conhecia (eu) com um homem que eu também não conhecia (o bonequinho em cima do bolo de casamento).

Só depois que esses casamentos acabaram, amadureci sexualmente — ou seja, tomei consciência de mim mesma como pessoa preocupada em desejar, mais que com ser desejada; e *essa* modificação me educou. Fiquei sabendo que era sensual, mas não uma sensualista; que um orgasmo me deixava nas nuvens, mas que a terra não balançava; que podia passar seis meses mais ou menos às voltas com uma obsessão erótica, mas ficava o tempo todo esperando que a excitação nervosa abatesse. Em resumo: a prática do sexo era uma coisa sublime, mas não era o lugar onde eu vivia. E aí aprendi outra coisa.

Poucos anos antes de chegar aos quarenta, tive um caso com um homem de quem gostava e que gostava de mim. Esse homem e eu éramos atraídos pela energia mental e espiritual que cada um de nós sentia no outro. Mas além disso, para esse homem — por mais inteligente, culto e politicamente empolgado que ele fosse —, o exercício da própria vontade sexual era imprescindível em toda conexão que viesse a estabelecer com uma mulher. Sempre que estávamos juntos, não havia um momento sequer em que ele não estivesse me tocando. Ele nunca entrava na minha casa sem que sua mão estivesse imediatamente sobre meu seio; nunca me abraçava sem ao mesmo tempo tratar de tocar meus genitais; nunca se deitava ao meu lado sem tentar me fazer gozar. Quando, depois de alguns meses juntos, comecei a me opor ao que havia começado a me parecer uma prática no automático, ele invariavelmente me envolvia nos braços, enfiava o rosto em meu pescoço e murmurava no meu ouvido: "Deixa disso, você sabe que gosta...". Como eu o amava de verdade e ele a mim — tivemos momentos memoráveis juntos —, nesses momentos eu o fitava, balançava a cabeça, exasperada, mas depois deixava para lá.

Um dia ele sugeriu que eu permitisse que ele me sodomizasse, coisa que nunca havíamos feito. Não topei. No dia seguinte, ele fez a mesma sugestão. De novo, não topei. "Como você sabe que não vai gostar", ele insistiu, "se nunca experimentou?" Ele acabou me cansando: aceitei tentar uma vez. Não, não, ele disse, eu precisava concordar em fazer três vezes e *depois*, se dissesse não, seria não. Assim, foram três vezes e, para falar a verdade, a sensação física não foi tão horrorosa quanto eu havia imaginado — quase contra a minha vontade, meu corpo reagiu —, mas, definitivamente, não gostei.

"Está bem", eu disse, "foram três vezes e não quero repetir."

Estávamos deitados na cama. Ele enfiou a cara no meu pescoço e cochichou no meu ouvido: "Ah, que nada! Só uma vezinha mais! Você sabe que gosta".

Recuei e olhei diretamente para o rosto dele. "Não!", falei, e me surpreendi com a firmeza de minha própria voz.

"Que mulher antinatural você é!", ele explodiu. "Você sabe que tem vontade de fazer. *Eu* sei que você tem vontade de fazer. E mesmo assim, você resiste. Ou será que é a mim que você está resistindo?"

De novo, eu o encarei: só que dessa vez meu olhar foi diferente de meus outros olhares. Um homem estava me pressionando a fazer uma coisa que eu não queria fazer, e me pressionando de uma forma que jamais teria utilizado com outro homem: dizendo que eu não sabia o que queria. Senti meus olhos se estreitando e meu coração ficando frio. Pela primeira — mas não última — vez, senti conscientemente que os homens eram membros de uma espécie à parte de mim. À parte e estranha a mim. Era como se uma membrana invisível tivesse baixado entre mim e meu amante, uma membrana suficientemente fina para ser penetrada pelo desejo, mas suficientemente opaca para obscurecer a camaradagem humana. A pessoa do outro lado da membrana me parecia tão irreal quanto eu sentia que eu mesma era para ele. Naquele momento, a ideia de nunca mais ir para a cama com um homem não me incomodou.

Claro que fui para a cama com eles — amor, discussão e êxtase muitas outras vezes depois que esse homem e eu terminamos —, mas a lembrança daquela divisória tênue, invisível, me perseguia; e, mais vezes do que gosto de lembrar, vi seu reflexo ao olhar para o rosto de um homem que me amava, mas que não estava convencido de que eu precisasse da mesma coisa de que ele precisava para sentir-me um ser humano.

Com o tempo conheci outras mulheres que teriam analisado a experiência de maneira diferente, mas que entendiam na hora do que eu estava falando quando descrevia a cortina invisível. Faz parte do jogo, dizia a maioria delas, dando de ombros. Não se incomodavam em manter um arranjo que era do jeito que sempre havia sido. Percebi que para mim era impossível. Para mim, aquilo tinha virado a ervilha embaixo dos vinte colchões: uma irritação da alma que eu não tinha condições de acolher.

Trabalhe, eu disse para mim mesma, trabalhe. Se trabalhasse, pensei, apoiada em meu coração recém-endurecido, seria uma pessoa no mundo. E aí, que importância teria abrir mão do "amor"?

Constatei que essa importância era bem maior do que eu jamais havia imaginado. Com o passar dos anos, vi que o amor romântico estava injetado como tintura no sistema nervoso das minhas emoções, entranhado na totalidade do tecido de anseios, fantasias e sentimentos. Ele assombrava a psique, era uma dor nos ossos; tão profundamente incorporado à composição do meu espírito que encarar diretamente sua influência feria os olhos. Ele seria uma causa de dor e conflito pelo resto da minha vida. Eu tinha apreço por meu coração endurecido — apreço que mantive ao longo de todos esses anos —, mas a perda do amor romântico ainda é capaz de atormentá-lo.

Um tapume de madeira foi erguido na minha rua cercando dois quadriláteros de calçamento cujo concreto havia sido aplicado recentemente. Ao lado do tapume, há uma tábua solitária para uso dos pedestres, e ao lado da tábua, um corrimão precário. Numa manhã gélida em pleno inverno estou prestes a agarrar o corrimão e me segurar nele para avançar pela tábua quando, na outra ponta, aparece um homem tentando fazer a mesma operação. Trata-se de um homem alto, dolorosamente magro e assustadoramente velho. Instintivamente, me inclino para diante o suficiente para poder estender a mão para ele. Instintivamente, ele segura minha mão. Nenhum de nós diz uma palavra enquanto ele não percorre a tábua em segurança e estaciona ao meu lado. "Obrigado", ele diz. "Muito obrigado." Um arrepio cruza meu corpo. "De nada", digo, num tom tão neutro quanto o dele — espero. Em seguida, cada um de nós retoma seu caminho, mas sinto aquele "obrigado" correndo em minhas veias ao longo de todo o resto do dia.

A voz dele é que havia feito isso. Que voz! Forte, vibrante, segura: uma voz que não sabia que pertencia a um velho. Nela, não havia nem rastro daquele tom suplicante que ouvimos com tanta frequência na voz de uma pessoa idosa diante de pequenas cortesias: "Você é tão gentil, tão gentil, mas tão gentil!", quando você não está fazendo mais do que chamar um táxi ou ajudar a descarregar um carrinho de compras — como se a pessoa estivesse se desculpando pelo espaço que ele ou ela ocupa no mundo. Aquele homem percebera que eu não havia sido desmedidamente prestativa; e não tivera necessidade de ser desmedidamente grato. E nos relembrava aos dois o simples reconhecimento que toda pessoa em dificuldades tem o direito de esperar, e toda testemunha a obrigação de oferecer. Eu estendera a mão e ele a aceitara. Havíamos ficado trinta segundos juntos — ele sem solicitar, eu sem condescender —, e a máscara da velhice se desprendera do rosto dele, a máscara do vigor caíra do meu. No meio da disfunção americana, da brutalidade global e da atitude defensiva pessoal, havíamos, cada um de nós, simplesmente tido uma visão plena um do outro.

Leonard tem um amigo, Tom, que é um grande colecionador de parábolas. Para Tom, o mero ato de acordar pela manhã é uma fonte de apreensão; as parábolas são um consolo e um refresco. Outro dia, Leonard repetiu para mim duas das parábolas mais recentes de Tom. Na primeira: "Uma mulher cai de um transatlântico. Horas depois, dão por sua falta. A tripulação faz o navio dar a volta. Voltam e localizam a mulher, porque ela continua nadando". Na segunda: "Um homem resolve se matar, pula de uma ponte alta, muda de ideia durante a queda, faz o corpo assumir posição de mergulho e sobrevive". A vida é um inferno, a espécie humana está condenada, mas é preciso continuar nadando.

"Por que você acha que o protagonista da primeira história é uma mulher e o da segunda, um homem?", pergunto a Leonard.

"Porque o homem é gay, sua pateta!", ele respondeu. "A mulher caiu do navio — não saltou —, e nunca na vida que vai entregar os pontos por causa de um acidente; e começa *imediatamente* a nadar. O homem, por outro lado, é uma completa indecisão suicida. Já passou da metade da queda quando decide que é melhor viver que morrer. Gay, sem a menor dúvida."

Há dois tipos de amizade: aquelas nas quais as pessoas estimulam uma à outra e aquelas nas quais as pessoas precisam estar estimuladas para ficar uma com a outra. No primeiro tipo, a pessoa quebra qualquer galho para encontrar a outra; no segundo, precisa procurar um espaço livre na agenda.

Antes, eu costumava achar que essa diferença era mais uma questão de relacionamento individual. Agora, considero que é mais coisa de temperamento. Ou seja, acho que há pessoas que por temperamento se inclinam a estar estimuladas e outras que precisam se esforçar para isso. Os que têm a inclinação têm prazer em sentir-se expressivos; os que precisam fazer um esforço são mais receptivos à melancolia.

As amizades nova-iorquinas são uma escola no confronto entre devoção à melancolia e atração pela expressividade. As ruas estão repletas de gente ansiosa por escapar do cárcere de um na promessa do outro. Há ocasiões em que a cidade parece oscilar sob o impacto disso.

Há algumas semanas, uma mulher que mora no meu andar me convidou para um brunch de domingo. Essa mulher foi professora primária por anos a fio, mas, para ela, ensinar é mera rotina. Na vida *real*, diz, é atriz. Nenhum dos participantes do brunch — todos com idades entre quarenta e cinquenta anos — conhecia os outros direito e alguns encontravam os demais pela primeira vez, mas logo ficou claro que todos os presentes também consideravam suas ocupações mera rotina; cada um deles se via como tendo vocação artística, mesmo que essa vocação não se manifestasse como realização concreta. A conversa, naquela manhã de domingo, consistiu em um relato após outro sobre o fracasso dessa ou daquela audição ou publicação ou exposição em galeria, todos eles chegando à mesma conclusão: "Não ensaiei direito", ou "Eu sabia que precisava reescrever o início, ou "Eu devia ter mandado mais slides". Era impressionante a compreensão que cada uma dessas autorrecriminações despertava nos outros. A exclamação "Ah, não se julgue com tanto rigor!" foi ouvida mais de uma vez. E então, de chofre, olhando diretamente para a última pessoa a dizer "Não se julgue com tanto rigor", uma mulher que havia permanecido em silêncio começou a falar.

"Quando eu me divorciei", disse ela, "tive de vender a casa em Westchester. Um casal de importadores de móveis e objetos de arte da China comprou a casa e começou a trazer as coisas deles uma semana antes do dia em que eu deveria sair. Uma noite, desci até o porão e comecei a olhar o que havia em alguns dos caixotes deles. Dei com um par de lindos vasos de porcelana. Num impulso, me apropriei de um dos vasos. Pensei: eles têm tudo, eu não tenho nada. Por que não? Quando me mudei, levei o vaso. Uma semana depois, o marido telefonou e disse que tinha acontecido uma coisa esquisita, que um dos vasos do par havia desaparecido. Será que eu sabia alguma coisa a respeito? Não, eu disse, num tom tão perplexo quanto o dele: não fazia a menor ideia, nunca havia visto os vasos. Nesse momento, me senti péssima. Mas não sabia o que fazer. Guardei o vaso num armário e nunca mais olhei para ele. Dez anos se passaram. Comecei a pensar no vaso. Em pouco tempo, o assunto do vaso começou a me obcecar. Por fim, agora, no ano passado, não aguentei mais. Embalei o vaso com o máximo de cuidado e enviei-o de volta para eles. E escrevi uma carta em separado, dizendo que não sabia o que tinha me dado, por que havia me apropriado daquele objeto que pertencia a eles, e que não estava pedindo desculpas, mas que devolvia o vaso. Poucas semanas depois, a esposa me telefonou. Disse que havia recebido aquela carta estranha que eu havia escrito, que não sabia do que eu estava falando, e que depois o pacote havia chegado e dentro do pacote estavam uns mil cacos de alguma coisa indeterminada. Qual era essa coisa que eu havia pegado e que agora estava devolvendo?"

Leonard e eu estamos sentados na sala de estar do apartamento dele, eu na cadeira alta de veludo cinza, ele no sofá de lona marrom.

"Outro dia", conto para ele, "me acusaram de ficar fazendo julgamentos. Que piada, pensei. Você devia ter me conhecido dez anos atrás. Mas sabe de uma coisa? Estou *cansada* de me desculpar por fazer julgamentos. Por que razão *não posso* fazer julgamentos? Eu *gosto* de fazer julgamentos. Fazer julgamentos é tranquilizador. Absolutos. Certezas. Como eu gostava deles! Quero de volta. Não posso tê-los de volta?"

Leonard ri e tamborila nervosamente sobre o braço de madeira de seu lindo sofá.

"Antes, todo mundo parecia tão adulto", digo. "Agora, ninguém mais parece adulto. Olhe só nós dois. Quarenta, cinquenta anos atrás teríamos sido nossos pais. Quem somos agora?"

Leonard se levanta e atravessa a sala; vai até um pequeno armário fechado, abre-o e pega um maço de cigarros aberto. Meus olhos o acompanham, surpresos. "O que você está fazendo?", pergunto. "Você parou de fumar." Ele dá de ombros e extrai um cigarro do maço.

"Eles passaram", diz Leonard. "Só isso. Cinquenta anos atrás você entrava num armário chamado 'casamento'. No armário, havia dois trajes completos, tão rígidos que podiam ficar em pé sozinhos. A mulher se encaixava num vestido chamado 'esposa', depois o homem se encaixava num terno chamado 'marido'. E ponto-final. Os dois desapareciam no interior das roupas. Hoje, não passamos. Estamos aqui nus. Só isso."

Leonard risca um fósforo e o aproxima de seu cigarro.

"Não sou a pessoa certa para essa vida", digo.

"E quem é?", ele diz, soprando a fumaça na minha direção.

Às dez da manhã, duas mulheres idosas estão andando na minha frente pela rua West 23, uma vestindo um suéter de náilon rosa, a outra, um azul. "Você soube?", diz a mulher de rosa. "O papa fez um apelo ao capitalismo para que ele tratasse os pobres do mundo com gentileza." A mulher de azul responde: "O que o capitalismo falou?". Enquanto atravessamos a Sétima Avenida, a mulher de rosa dá de ombros. "Por enquanto não respondeu."

Ao meio-dia, um homem em pé ao lado do balcão da mercearia olha para o troco em sua mão. "Você me deu 8,06 dólares", diz ele à jovem atrás da caixa registradora. "Acho que não está certo." Ela olha para as moedas e diz: "O senhor tem razão. Eu devia ter lhe dado 8,60 dólares", e dá o troco correto ao homem. Ele continua olhando para sua mão aberta. "Você pôs o seis e o zero no lugar errado", diz. "Devia ter sido ao contrário." Agora quem olha é a mulher. Quando finalmente o homem se vira e vai embora, balanço a cabeça, empaticamente. "As coisas que preciso aturar o dia inteiro", ela diz com um suspiro enquanto empilho minhas compras sobre o balcão. "Você acredita? Um cara aparece no balcão trazendo um artigo. O preço no artigo está errado. Vejo de cara que a soma está errada. Digo a ele: 'Olhe, o preço está errado. Pode acreditar, conheço os preços, faz dois anos que trabalho na loja'. Ele responde: 'Nada do que você possa se orgulhar', e sai."

Às três da tarde, um casal de aspecto elegante está parado sob a marquise do elegante Regency Hotel, na Park Avenue. O homem tem cabelo cinza-aço e feições harmoniosas; enverga um sobretudo caro. A mulher, de magreza alcoólica, tem cabelo louro-camomila e veste mink. Ela ergue os olhos para ele no momento em que passo diante dos dois e seu rosto se ilumina. "Que tarde *esplêndida*", diz. O homem a abraça com carinho e balança a cabeça, concordando, bem perto do rosto dela. A cena aciona minha própria gratidão: que delícia ver pessoas das classes endinheiradas agindo com simples humanidade! Mais tarde, encontro Sarah, uma socialista cansada que conheço, e conto do casal na Park Avenue. Ela ouve com sua morosidade marxista costumeira e diz: "Você acha que ela sabe reconhecer uma tarde esplêndida?".

Na década de 1940, Charles Reznikoff, um poeta nova-iorquino, perambulava pelas ruas de sua cidade natal. Reznikoff não era um solitário — era casado, trabalhava num órgão governamental, tinha amigos do meio literário —, mas a lucidez de sua obra vem de um silêncio interno tão intenso, tão luminoso, que o leitor é forçado a imaginar que ele vagava porque tinha necessidade de que algo o lembrasse de sua própria humanidade e que só a rua era capaz de fornecer:

I was walking along Forty-Second Street as night was falling.
On the other side of the street was Bryant Park.
Walking behind me were two men
and I could hear some of their conversation:
"What you must do," one of them was saying to his companion,
"is to decide on what you want to do
"and then stick to it. Stick to it!
"And you are sure to succeed finally."

I turned to look at the speaker giving such good advice
and was not surprised to see that he was old.
But his companion
to whom the advice was given so earnestly,
was just as old;
and just then the great clock on top of a building across the park
*began to shine.**

Uma e outra vez, o drama dos seres humanos entrevendo um ao outro em meio ao isolamento se desdobra nas ruas diante dos olhos de Reznikoff:

During the Second World War, I was going home one night
along a street I seldom used. All the stores were closed
except one — a small fruit store.
An old Italian was inside to wait on customers.
As I was paying him I saw that he was sad.
"You are sad," I said to him. "What is troubling you?"
"Yes," he said, "I am sad." Then he added
in the same monotone, not looking at me:
"My son left for the front today and I'll never see him again."
"Don't say that!" I said. "Of course you will!"
"No," he answered. "I'll never see him again."

Afterwards, when the war was over,

* "Eu ia andando pela rua 42 enquanto a noite caía./ Do outro lado da rua estava o Bryant Park./ Andando atrás de mim vinham dois homens/ e dava para ouvir um pouco do que falavam:/ 'O que você precisa fazer', dizia um dos dois ao outro,/ 'é resolver o que tem vontade de fazer/ 'e não desistir. Não desistir!/ 'E pode ter certeza de que acaba dando certo'."// "Me virei para olhar para o interlocutor que dava esse bom conselho/ e não me surpreendi ao ver que ele era velho./ Mas seu companheiro,/ a quem o conselho era dado com tanta convicção, era tão velho quanto;/ e bem naquela hora o grande relógio no alto de um edifício do outro lado do parque/ começou a brilhar." [N.T.]

I found myself once more in that street
and again it was late at night, dark and lonely;
and again I saw the old man alone in the store.
I bought some apples and looked closely at him:
his thin wrinkled face was grim
but not particularly sad. "How about your son?" I said.
Did he come back from the war?" "Yes," he answered.
"He was not wounded?" "No. He is all right."
"That's fine," I said. "Fine!"
He took the bag of apples from my hands and groping inside
took out one that had begun to rot
and put in a good one instead.
"He came back at Christmas," he added.
"How wonderful! That was wonderful!"
"Yes," he said gently, "it was wonderful."
He took the bag of apples from my hands again
*and took out one of the smaller apples and put in a large one.**

* "Durante a Segunda Guerra Mundial, certa noite eu ia voltando para casa/ por uma rua que raramente usava. Todas as lojas estavam fechadas/ exceto uma — um pequeno comércio de frutas./ Dentro, um velho italiano atendia os clientes./ Na hora de pagar, vi que ele estava triste./ 'Você está triste', eu disse a ele. 'Que problema o perturba?'/ 'É', ele disse. 'Estou triste.' Depois acrescentou/ no mesmo tom neutro, sem olhar para mim:/ 'Meu filho partiu hoje para o front e nunca mais vou vê-lo'./ 'Não diga isso!', respondi. 'Claro que vai vê-lo!'/ 'Não', ele respondeu. 'Nunca mais vou vê-lo.'"// "Mais adiante, acabada a guerra,/ vi-me outra vez na mesma rua/ e novamente estava tarde da noite, escuro e solitário;/ e novamente vi o velho sozinho na loja./ Comprei algumas maçãs e olhei bem para ele:/ seu rosto fino e enrugado estava sério/ mas não especialmente triste. 'E seu filho?', perguntei./ 'Voltou da guerra?' 'Voltou', ele respondeu./ 'Não se feriu?' 'Não. Ele está bem.'/ 'Que ótimo', falei. 'Ótimo!'/ Ele pegou o saco de maçãs de minhas mãos e remexeu lá dentro./ Tirou uma que havia começado a apodrecer/ e trocou por uma boa./ 'Voltou no Natal', acrescentou./ 'Excelente! Que notícia excelente!'/ 'É mesmo', ele disse em tom gentil. 'Foi excelente.'/ Depois tomou de novo o saco de maçãs das minhas mãos/ tirou uma das menores e trocou-a por uma grande." [N. T.]

Muitas vezes tento imaginar como seriam os poemas de Reznikoff se ele estivesse andando pelas ruas hoje.

"Todo homem sozinho é sincero", disse Ralph Waldo Emerson. "Com a chegada de uma segunda pessoa, começa a hipocrisia... Um amigo, assim, é uma espécie de paradoxo por natureza."

Tive um caso com um dramaturgo de Downtown. Duas coisas sobre esse homem: ele era ex-alcoólatra e era fóbico em relação a se afastar da cidade. Eu já estava velha para considerá-lo poético, mas foi o que fiz. Ele prometeu manter-se sóbrio e cumpriu a promessa. Prometeu ser fiel, mas essa promessa ele não cumpriu. Depois que me deixou, sofri, em partes iguais, pelo meu coração partido e pelo desaforo. "Você está *me* deixando?", choraminguei. "Supostamente, eu é que devo deixar *você*!"

Um alcoólatra, Leonard minimizou.

Ex-alcoólatra, esclareci.

Não interessa o tipo de alcoólatra, disse Leonard.

Agora estamos subindo a Sexta Avenida em Midtown e de repente — não sei por que, talvez estivesse pensando no dramaturgo — me vem à cabeça um verso esplêndido de Frank O'Hara que eu havia visto composto em letras de aço ao longo da balaustrada da marina do Battery Park City. "Não é preciso deixar para trás os limites de Nova York para encontrar todo o verde que se queira", escreveu O'Hara. "Não consigo curtir nem uma folha de grama se não souber que há um metrô por perto, ou uma loja de discos, ou algum outro sinal de que as pessoas não deploram completamente a vida." Repito o verso para Leonard, cujos olhos se franzem de gosto. "Um poeta supervalorizado", diz ele, "mas às vezes ele era realmente uma maravilha."

"É mesmo", digo, balançando a cabeça. Sinto as palavras de O'Hara martelando em minha cabeça e começo a me enternecer com elas.

"É uma pena", diz Leonard, "que..."

"Ele tenha morrido tão jovem", interrompo-o. Leonard fica me olhando.

"A única bio-gra-fia dele era tão ra-sa..."

"Ah!"

"*Fran*-camente." Ele me estuda. "Não dá mais para ter uma conversa séria com você."

"Está bem, está bem." Organizo os pensamentos. "É verdade, ele merece uma boa biografia."

"Não tanto por ele", diz Leonard. "A vida inteira ele foi um provocador maluco, quem sabe o que teria sido sua obra, mas a vida dele foi um sinal dos tempos. Foi um daqueles momentos [a década de 1950] em que a estética substituiu a política, e, como você sabe, nesses momentos os gays sempre são bem-vindos. Foi no fim da guerra; Nova York era uma absoluta maravilha, alguns homens estavam se sentindo suficientemente ousados e suficientemente destemidos para serem eles mesmos sem disfarces. Quem se sentisse privilegiado, como O'Hara, podia levar a coisa a limites inauditos. O que ele fez. E porque fez, sendo tão espantosamente ousado, e como *não aconteceu nada com ele*, as coisas começaram a mudar."

Quando passamos pelo Radio City Music Hall, Leonard se volta para olhar o velho e chamativo palácio do cinema. "Você tinha que ter beleza, classe e autoconfiança tipo Ivy League", diz ele, "e O'Hara tinha tudo isso. Teria sido impensável alguém como eu tentar fazer o que ele fez."

Com essas palavras, entra num estado de devaneio em que há uma mágoa palpável.

Faço uma provocação. "Mas se O'Hara não tivesse vivido naquele tempo, você não estaria aqui, agora, andando comigo." Dou uma risada. "Nem *eu* mesma estaria aqui, agora, andando comigo."

Ele ri também: com relutância. Detesta abrir mão de seus rancores que, para Leonard, equivalem à ironia que, segundo ele, salvou sua vida. *Disso* ele nunca vai abrir mão.

À noite, jantamos na casa de uma dupla de psicanalistas que conhecemos apenas de passagem. As pessoas à mesa são homofóbicas, adoradoras de "valores" e ávidas por papo cultural. É um jantar caro, mas a conversa é uma porcaria. Os analistas se dirigem exclusivamente a mim. Sinto-me aprisionada. Uma e outra vez, viro-me para Leonard querendo me divertir, mas estou sozinha à mesa. Ele se refugiou num distanciamento em que não consigo penetrar. Mais tarde, vamos andando pelas ruas escuras e silenciosas. A noite está fria. Nos entocamos no interior de nós mesmos. Depois de algum tempo, Leonard me diz: "Eles não têm interesse por mim. E a parte de mim que é interessante os assusta".

Não ficamos mais próximos por causa do que ele acaba de dizer — já são várias horas que estou sozinha ao lado dele —, mas parece que ficou mais fácil tolerar a vida com a clareza que as palavras dele impuseram a uma noite, fora isso, despropositada.

Minha amizade com Leonard começou comigo invocando as leis do amor: aquelas que envolvem expectativa. "Somos a mesma pessoa", decretei pouco depois de nos conhecermos. "Você é eu e eu sou você, temos a obrigação de salvar um ao outro." Levei anos para me dar conta de que esse sentimento não era acurado. O que nós dois somos, de fato, é um par de viajantes solitários trilhando o país de nossas vidas, encontrando-nos de vez em quando no limite extremo para transmitir um ao outro relatos do front.

A porta de entrada do meu prédio fica a poucos passos de uma entrada de metrô. Entre uma e outra, um homem, em pé, pede esmola. Já são quase dois anos que ele fica em pé nesse lugar quase diariamente. O nome dele é Arthur. É negro, trinta e tantos anos, bonito, vestido com esmero. Tem na mão uma xícara de papel e em voz cordial, paciente, entoa uma e outra vez: "Senhoras e senhores, será que poderiam me ajudar? Não tenho onde dormir e bem que gostaria de um pouco de comida no estômago. Não bebo, não uso drogas, não tenho nenhuma atividade criminosa. Só o que peço é apoio nestes tempos difíceis. Se não fizer falta aos senhores, qualquer contribuição será bem-vinda".

É difícil eu dar dinheiro a Arthur — como filha da Esquerda, continuo me opondo categoricamente à mendicância —, mas falo com qualquer pessoa que fale comigo. Arthur e eu conversamos todas as manhãs. (Como vai a senhora? Tudo bem, e você? Tudo em ordem, tudo em ordem. Não fique na rua por muito tempo, hoje vai fazer frio.) Às vezes estou apressada, não faço mais que acenar e dizer oi. Invariavelmente, nessas ocasiões, ele caçoa: "Está bonita, hoje", proclama. "Muito bonita." Solto uma risada e a voz dele me acompanha, sempre recitando seu pregão daquele jeito terno, aliciante dele.

Outro dia, um homem saiu da boca do metrô no exato instante em que eu cruzava minha porta de entrada. Arthur estendeu sua xícara. O homem deu uma guinada, afastando o corpo da mão de Arthur como se ela fosse uma enfermidade, no rosto um olhar de nojo assassino. Arthur não interrompeu sua cantilena, como se nada fora do normal tivesse acontecido, mas eu fiquei mal. "Qual é *a sua*? Vai continuar fazendo isso pelo resto da *vida*?"

Os olhos risonhos dele fitaram os meus de cima. Eu era um alvo como qualquer outro. "Madame", ele disse, e explicou sua rotina: "Estou procurando emprego, o Cara não está a fim de me ajudar, faz o que pode pra me pôr para baixo; se eu morrer de fome na rua, ele não está nem aí".

Arthur é inteligente e sabe se expressar, mas eu também sei. Fiquei um tempo ali, discutindo com ele. E então, no meio de uma frase, ele disse com aspereza: "Quem resolve o fim das férias sou eu".

Fiquei olhando para ele. Não sei o que ele viu no meu rosto, mas amansou perceptivelmente o tom. Bem baixinho, disse: "O sentido não é mais o mesmo de quando a senhora era jovem".

Uma vez, no fim da década de 1970, época em que eu andava empolgada com o feminismo radical, fui convidada a fazer o discurso de formatura numa pequena universidade para mulheres. Telefonei para minha mãe para contar que havia sido ungida com essa honra.

"Convidaram você para fazer um discurso de *formatura*?", ela exclamou, incrédula.

"Isso", respondi.

"Ou seja, alguém escreve o discurso e você lê?"

"Não", eu disse. "Eu escrevo o discurso, depois leio."

"Me explique uma coisa", ela me disse no dia seguinte. "Por que eles chamaram *você*? Ou seja, como é isso de chamarem uma pessoa como você?"

"*Mãe!*", exclamei.

E no dia seguinte: "Você vai precisar mostrar o discurso a eles antes de lê-lo?", ela quis saber. "Quer dizer, um diretor, ou outra pessoa... vai ver antes o que você vai falar?"

"Não...", suspirei. "Não preciso mostrar o discurso a ninguém."

Os olhos dela pousaram silenciosamente em meu rosto.

"*Nu*"*, ela disse por fim. "Se eles não gostarem do que você falar, vão simplesmente mandar você para casa."

* Expressão equivalente a "E daí?" em iídiche. [N. E.]

Significado: Afinal de contas, estamos nos *Estados Unidos*, eles não podem matar você.

Aprendi cedo que a vida era ou tchekhoviana ou shakespeariana. Lá em casa não havia competição. Minha mãe se largava no sofá, numa sala na penumbra, um dos braços jogado sobre a testa, o outro comprimido contra o peito. "Estou sozinha!", ela clamava, e dos quatro cantos do edifício, mulheres, e homens também, acorriam tentando amenizar uma angústia da alma que percebiam como superior. Mas ela se virava para o lado, olhos fechados numa insatisfação exasperada. Nenhum deles era capaz de oferecer o alívio do espírito que ela desejava. Não eram as pessoas certas. Ninguém, à volta dela, era a pessoa certa. Houvera uma única pessoa certa e, agora, essa pessoa estava morta.

Ela havia elevado o amor ao status de santo graal. Encontrar o amor não era simplesmente atingir a felicidade sexual, mas alcançar um lugar no universo. Quando se casou com meu pai, uma nuvem de sombra se afastou de sua alma — foi o que ela me contou. São os termos dela: uma nuvem de sombra. Papai era mágico: seu olhar, seu toque, sua compreensão. Quando chegava ao fim dessa frase, ela se inclinava para a frente. *Compreensão* era a palavra talismânica. Sem compreensão, dizia, ela não sabia que estava viva: com compreensão, sentia-se centrada e no mundo. Na presença de meu pai, reagia com uma profundidade que antes não sabia que possuía para a poesia, a política, a música, o sexo: para tudo. Fechava os olhos dramaticamente. *Tudo*. Quando ele morreu, ela dizia, "tudo" desapareceu com ele. A nuvem que encobria a alma dela voltou, mais escura do que nunca: agora a nuvem obliterava a terra.

A depressão foi profunda e, aparentemente, inegociável, resistindo, não minorada e não diluída, por anos sem fim. Ela não conseguia esquecer a absoluta *adequação* do que um dia fora dela. Tudo o que pudesse ser-lhe oferecido agora, não servia. Nunca mais alguma coisa foi exatamente a coisa certa, ninguém foi exatamente a pessoa certa. A recusa das aproximações assumiu vida própria.

Virei a filha da minha mãe. Muito jovem, eu não era capaz de me achar interessante se não encontrasse reações inteligentes. Precisava da companhia de mentes sintonizadas com a minha, mas ninguém em meu círculo me devolvia as palavras que eu tinha necessidade de ouvir. Ficava o tempo todo contando às crianças do condomínio uma história desenvolvida a partir de um acontecimento recente na escola, na mercearia, no edifício onde eu morava. Quando terminava, queria que alguém falasse uma frase que demonstrasse que a minha própria havia sido recebida. Em vez disso, olhares curiosos se evaporavam, expressões ficavam intrigadas ou hostis e, inevitavelmente, alguém perguntava: "O que você está querendo dizer com isso?".

Tornei-me agitada, impaciente, insultante — permanentemente lesada. "Como você pode dizer uma coisa dessas!", eu exclamava, bem antes de chegar à idade de votar. Estava desesperada com o sentimento de privação de minha mãe. Era como se ao nascer eu tivesse sido defraudada do Amigo Ideal e agora só me restasse registrar a insuficiência do que estava ao meu dispor.

Eu nunca chegaria a saber o que Keats sabia antes de completar vinte e cinco anos: que "qualquer conjunto de pessoas é tão bom quanto qualquer outro". Só que *ali havia* uma vida shakespeariana. Keats ocupava sua própria experiência a um ponto tal, a um ponto tão incrível que só necessitava dos mais perfunctórios intercâmbios humanos para se conectar com uma clareza interna que ele próprio havia logrado. Para isso, quase qualquer um servia. Ele vivia no paraíso de uma mente que se alimentava da conversa consigo mesma. Eu haveria de perambular pelo resto da vida no purgatório do autoexílio, sempre em busca da pessoa certa com quem conversar.

Esse beco sem saída levava rapidamente a uma atitude moralizadora caracterizada pelos bons sentimentos. Fiquei sendo a única garota de catorze anos do quarteirão que estava sempre opinando sobre o significado e a natureza do Amor com A maiúsculo. Amor verdadeiro, amor autêntico, amor correto. Você sabia *na hora*, eu declarava categoricamente, quando estava na presença do amor. Se não soubesse, é porque não era amor. Se *fosse*, não importa os obstáculos, você precisava se entregar a ele sem vacilar, porque o amor era a suprema intensidade, a exaltação significante. O que me distinguia era a convicção com que eu ensaiava essa litania, uma e outra vez.

Ao mesmo tempo que pontificava acerca do Amor com A maiúsculo, eu era uma garota que ficava o tempo todo devaneando que estava no palco diante de um vasto público, ou sobre um estrado numa praça pública, falando para uma multidão de milhares de pessoas, conclamando-as a fazer a revolução. A convicção de que algum dia eu teria a eloquência e a visão necessárias para levar as pessoas a um tal ato era meu entusiasmo secreto. Às vezes, ficava sem saber que jeito daria na vida sendo ao mesmo tempo agente da revolução e discípula do Amor. Nessas ocasiões, inevitavelmente, surgia uma imagem de mim no palco, rosto resplandecente de determinação, e no meio do público um homem que me adorava, à espera de que eu despencasse em seus braços. Isso parecia cobrir todas as bases.

Quando cheguei ao fim da adolescência, essa imagem que eu tinha na cabeça, de mim mesma liderando a revolução, começou, misteriosamente, a se complicar. Eu sabia, é claro, que uma vida significativa incluía trabalho de verdade — trabalho feito no mundo lá fora —, mas agora, pelo jeito, eu imaginava que um Parceiro Ideal era necessário para que o trabalho fosse feito. Com o homem certo a meu lado, eu postulava, eu conseguiria fazer tudo. Sem o homem certo... mas não, isso era impensável. *Não* haveria "sem o homem certo". A ênfase começou a se deslocar de "fazer o trabalho" para "encontrar o homem certo para poder fazer o trabalho". Devagar, mas firmemente, encontrar o homem certo parecia ter se transformado no trabalho.

Na faculdade, as garotas que eram minhas amigas eram da literatura. Cada uma de nós se identificava ou com a Dorothea Brooke de George Eliot, que confunde um pedante com um intelectual, ou com a Isabel Archer de Henry James, que considera o cruel Osmond um homem culto. As que se identificavam com Dorothea se impressionavam com sua altiva devoção às "normas"; as demais a consideravam uma pedante de província. As que se identificavam com Isabel admiravam-na pela amplitude de sua ambição emocional; as demais a consideravam perigosamente ingênua. Nos dois casos, minhas amigas e eu víamos a nós mesmas como variações potenciais de uma ou de outra. A seriedade de nossos interesses estava em nossa preocupação com essas duas mulheres ficcionais.

O problema, tanto em *Middlemarch* como em *Retrato de uma senhora*, era a protagonista — bonita, inteligente, sensível — confundir o homem errado com o homem certo. Enquanto problema, para nós a situação era inteiramente razoável. Era uma situação que víamos acontecer todos os dias da semana. Entre nós, havia jovens mulheres com graça, talento e beleza associadas, ou em processo de se associar, a homens limitados em mente e em espírito que haveriam de arrastá-las para baixo. A perspectiva de um tal destino nos assombrava a todas. A ideia de que pudéssemos vir a ser mulheres assim nos fazia estremecer.

Eu não, decidi. Se não conseguisse encontrar o homem certo, jurei, audaciosamente, daria um jeito de ficar sem.

Passei quase dez anos, depois de acabar a faculdade, batendo cabeça na busca do santo graal: Amor com A maiúsculo, Trabalho com T maiúsculo. Eu lia, escrevia, ia para a cama. Ficava dez minutos casada, fumava maconha por cinco minutos. Enérgica, animada, perambulava pelas ruas de Nova York e da Europa. Por alguma razão, nada era exatamente o que devia ser. Eu não conseguia imaginar uma forma de começar a trabalhar e, desnecessário dizer, não conseguia dar com o homem certo. Com o tempo, fui tomada por uma enorme lassidão. Era como se tivesse adormecido em pé e precisasse ser despertada.

No ultimíssimo dia dos meus vinte anos me casei com um cientista, um homem de temperamento taciturno que levara dezoito anos para escrever sua tese. Sua dificuldade o tornava poético a meus olhos. Claro que ele era extremamente sensível à minha própria determinação dividida. Durante o namoro, passávamos horas andando enquanto eu discorria ardorosamente sobre a razão pela qual não podia ir até Moscou. Os olhos dele cintilavam de emoção enquanto eu falava. "Minha menina querida!", ele exclamava. "Minha menina linda, maravilhosa. Você é a própria vida!"

Fiquei sendo o personagem interessante, conflituado, e ele a esposa inteligente e acolhedora. Estávamos satisfeitos com esse arranjo. Achávamos que era uma espécie de sentimento de camaradagem. Por fim, eu pensava, tinha um Amigo Ideal. A vida parecia doce, na época. Sozinha, eu era uma pessoa trancada em mim mesma; agora, tinha a sensação de respirar livremente. Sentia prazer em abrir os olhos pela manhã e ver meu marido deitado a meu lado. Sentia um bem-estar da alma que não conhecia antes.

Certa manhã, acordei desolada. Por quê? Não sabia dizer. Nada havia mudado. Ele era o mesmo de antes, eu era a mesma de antes. Não mais que algumas semanas antes eu acordava sentindo-me festiva. Agora lá estava eu em choque no chuveiro, com manchas de mágoa dançando no ar diante dos olhos, a velha solidão me impregnando outra vez.

Quem é ele?, eu pensava.

Ele não é o cara certo, pensava.

Um ano depois, estávamos divorciados.

Eu continuava sendo a filha da minha mãe. Agora, ela era o negativo e eu a imagem, mas lá estávamos as duas: sozinhas, finalmente, sem o cara certo.

Só anos depois de me separar de Gerald entendi que havia nascido para encontrar o homem errado, como Dorothea e Isabel. Era disso que estávamos atrás. Se não fosse assim, todas nós teríamos encontrado um trabalho útil com que ocupar-nos e esquecido havia muito toda aquela história do homem certo. Mas não havíamos esquecido. Nunca esquecemos. O homem certo fugidio virou um elemento em nossas vidas, sua ausência uma experiência definidora.

Só então entendi o conto de fadas da princesa e a ervilha. A princesa não estava atrás do príncipe: estava atrás da ervilha. Aquele momento em que ela sente a ervilha debaixo dos vinte colchões é seu momento de definição. É aquele o significado de sua viagem, a razão pela qual ela foi até tão longe, o que ela chegou até ali para confirmar: a insatisfação profana que irá manter a vida permanentemente à distância.

Foi assim com minha mãe, que passou a vida suspirando pelo cara certo ausente. E foi assim comigo.

Éramos presas de um anseio neurótico, todas nós — Dorothea e Isabel, minha mãe e eu, a princesa do conto de fadas. O que nos atraía era o anseio: ele é que convocava nossa atenção mais profunda. Com efeito: a essência de uma vida tchekhoviana. Pensem em todas aquelas Natashas suspirando ao longo de três longos atos por aquilo que não é e nunca será. Enquanto um homem (errado) após outro escuta amavelmente a récita de um dilema para o qual não há solução.

Gerald e eu éramos Natasha e o Doutor falando, falando, falando infinitamente. Por trás da conversa sedutora de Natasha se esconde uma passividade de proporções monumentais — para a qual o Doutor é o anteparo perfeito. Inevitavelmente, Natasha e o Doutor devem se separar. Os dois se limitaram a fazer companhia um ao outro, despendendo seu intuito também insuficiente juntos.

Um homem e uma mulher sentados lado a lado num ônibus começam a conversar. Ela é negra, de meia-idade, bem-vestida; ele é branco, também de meia-idade, de olhos ligeiramente arregalados. Do nada, ele diz a ela: "Sou espiritualizado. Sou uma pessoa muito espiritualizada. Aceito todas as religiões. Para mim, todas as religiões são boas. Só tenho uma crítica à cristandade: por que os cristãos odeiam os judeus por terem matado Cristo?". A mulher vira o rosto completamente para ele e diz: "Sabe o quê? Sempre pensei a mesma coisa. Afinal, foram os romanos que mataram Cristo. Por que eles não põem a culpa nos italianos?".

Quando começo a perceber a vida como a soma de suas deficiências, dou uma volta até a Times Square — abrigo da subclasse mais esperta do mundo —, onde num instante recupero o sentido de perspectiva. Na Broadway, altura da rua 43, num entardecer ventoso de inverno, um homem negro em pé sobre um palanque improvisado fala ao microfone. Espalhados ao redor do palanque estão uns doze homens e mulheres negros. O homem ao microfone parece um locutor de televisão. Pessoas encolhidas para arrostar o vento passam apressadas por ele, mas ele não para de falar, sempre nos tons suaves, imperturbáveis do âncora de noticiário noturno. "Fiquei sabendo recentemente", diz ele, "que há uma alta na venda de loção bronzeadora e protetor solar. Pois bem: quem vocês acham que são os clientes desses artigos? Vou lhes dizer. Os brancos! Eles! Não você nem eu, irmão. Não, os brancos." Sua voz ganha intensidade. "Pois então: o que vocês acham de um pessoal que fica nos dizendo que é superior, e..." Sem aviso, ele faz uma pausa, fecha os olhos com força, depois berra: "*Eles não aguentam nem ficar na porra do sol!*". E, de novo com voz de locutor de notícias: "Vocês...". Aponta calmamente para as cabeças dos passantes apressados. "Os brancos. Não fazem nem parte. Do planeta."

Quando dei com o Manny Rader na Terceira Avenida, fazia vinte e cinco anos que não o via. Ele era o irmão mais velho da garota do bairro que era minha melhor amiga quando a gente estava com doze anos. Depois que completei catorze, ele havia começado a olhar para mim. Assim que o vi na Terceira Avenida, tive certeza de que precisava tê-lo para mim.

Tenho uma queda pelos homens com quem cresci. Eles são como clorofórmio num pano comprimido contra o meu rosto: eu os aspiro, me refugio neles, quero me enterrar neles. Quando era criança, queria ser eles — aqueles garotos escuros, magrelos, cheios de sabedoria adquirida na rua, de olhos quentes e paixões ignorantes, que subiam todos os dias para o terraço do edifício para dar risada, falar palavrão e se catapultar para a existência dando palpite sobre as coisas — nunca me recuperei do fato de não ser um deles. Não que invejasse seu ato partilhado de imaginação — aparentemente herdado, tamanha a naturalidade deles; é que tive medo quando me dei conta de que não era um deles e jamais seria. Nesse momento, me senti em risco: sem mundo e sem eu.

"Quem diria que você ia virar escritora", me disse Manny na Terceira Avenida, com uma expressão perplexa no rosto. Depois riu. "Você era tão chata quando criança, sempre se metendo onde não era desejada." A risada dele trouxe tudo de volta, me fez sentir outra vez aqueles sentimentos, como se eles estivessem dependurados no ar diante de mim. Na época, ele já tinha essa risada gostosa, sonora, que eu ouvia quando passava pelos garotos reunidos na esquina. Só os amigos dele o faziam rir assim, nunca as garotas.

Fomos para a cama e nos surpreendemos com uma felicidade intensa, terna, que nenhum de nós teria sonhado que estava vindo. Uma tarde, quando estávamos transando, caí de boca nele. Quando ergui o corpo, comentei: "O sonho de todo garoto do Bronx... ser chupado pela garota que mora um pouco adiante na rua...". Manny deitou de costas e deu aquela risada dele, sem reservas, solta, que me empolgava mais do que tudo o que nossos corpos estavam fazendo juntos. Olhei para a parede atrás da cabeça dele, pensando: Estou segura, agora ele nunca vai me abandonar. Mas claro que na verdade eu não achava que Manny seria o abandonador; se fosse o caso, seria eu a cair fora.

A vida inteira ele tinha deixado tudo para trás, menos as mulheres. Foi para a faculdade com bolsa de estudos, depois saiu no terceiro ano para entrar no exército; criou uma firma com um trambiqueiro conhecido e em dois anos a firma quebrou; ascendeu de técnico para pesquisador num laboratório de biologia, mas entrou numa briga com o patrão e se demitiu; trabalhou numa revista grande, de circulação nacional, onde rapidamente virou repórter, depois editor, e foi despedido por sumir uma semana inteira sem dar explicação. No bairro, foi descartado como fracasso congênito. "Ele não consegue se encontrar", lamentava-se a mãe dele. "Boa descrição", zombou o pai.

Mas a mãe dele tinha razão. Manny não conseguia se encontrar. Fosse qual fosse a situação em que Manny se encontrasse, ele não conseguia se encontrar nela. Nunca repetia o mesmo tipo de trabalho. Cada emprego ficava sendo aquilo mesmo: um emprego. Nenhum foi mais do que um treinamento. Os acontecimentos da vida dele se recusavam a acumular-se para formar uma experiência, e ele não se comportava como se isso tivesse acontecido. Essa recusa interna parecia ser seu único dom. Sem dúvida, era o talento que ele cultivava. Na época em que começamos a ir para a cama, ele passou a dizer para si mesmo que seu estado e seu destino eram o de *refusenik*. Mesmo ele tendo tudo para não ser — e o fato de estar comigo o levava a ver ainda mais claramente as coisas que já sabia.

Quando Manny e eu começamos a sair, eu estava um trapo. Foi o que eu disse. "Estou um trapo." Manny olhou para mim. "Você está um trapo? Isso é enrolação pra dizer que você não está a fim de trabalhar, não é? O significado é esse, não é? Ou seja, que você é uma escritora que não escreve. Até eu percebo isso. A gente está junto, agora, há quanto tempo mesmo? Três meses? Andei observando você. Você nem sequer senta na escrivaninha. Enrola o dia inteiro, dia após dia. Todo dia, só enrola. Você deu uma trabalhadinha, ganhou uma certa fama, e deu, não é? Acabou pra você. Você não tem mais energia pra batalhar. É isso? Ou seja, o *que mais* eles querem de você? Estou certo? Entendi direito?"

Ele deu uma olhada na minha vida e o sexo lhe forneceu todo o foco de que precisava. Viu o vazamento na tubulação, captou minha falta de ânimo. Foi solidário com o que viu — a solidariedade fornecia a conexão que nos unia, bem como a temperatura —, mas não era propenso a eufemismos.

Aos quarenta e seis anos, Manny era tão magro quanto era aos dezessete. Como sempre, eu estava tentando me ver livre dos oito quilos a mais que adquirira. "Querida", ele murmurava entre meus seios, afundando em mim daquele jeito que os homens fazem, "você é um Renoir." Nunca entendi qual é o mistério da carne feminina para tanto entusiasmo da parte deles, mas sempre que Manny dizia isso, eu sorria no escuro, aliviada. Tinha necessidade de que ele se perdesse em mim. Eu ainda estava ganhando tempo. E ainda não tinha entendido para que ganhava tempo.

Num ano em que eu estava lecionando no Arizona, Leonard foi me visitar e fizemos uma viagem até o Grand Canyon, com algumas paradas aqui e ali enquanto cruzávamos uma das paisagens mais impressionantes da face da Terra. Depois de um dia e meio de viagem vencemos uma subida e vimos diante de nós, até onde o olho alcançava, o vasto deserto ocidental, sem um único sinal de vida humana. A mera amplidão de mundo sem definição e sem fim me deixou sem fôlego.

"Que lindo!" As palavras saíram da minha boca antes mesmo de eu registrar um pensamento.

Leonard estava silencioso.

"Não?", perguntei.

Ele sorriu um daqueles sorrisos miúdos, crispados dele.

"O que é que você sente?", ele perguntou, com genuína curiosidade; realmente queria saber.

A pergunta me obrigou a pensar.

"Me sinto eufórica", respondi. "Energizada."

Silêncio.

"Você não?", perguntei.

"De jeito nenhum", ele respondeu, e estremeceu. "Tenho uma sensação de assombro diante do mundo elementar", ele disse. "Medo, na verdade. Inversamente, quando olho para uma paisagem civilizada, me comovo ao ver o esforço humano para afastar o que é estranho ao homem. Entre mim e a natureza, é terror ou gratidão. Ficar energizado, de jeito nenhum."

Na Upper Broadway, um mendigo aborda uma mulher de meia-idade. "Não bebo, não uso drogas, só preciso...", começa.

Para seu espanto, a mulher berra diretamente na cara dele: "Acabaram de me assaltar!". O mendigo vira o rosto para o norte e grita para um colega que está mais acima no quarteirão: "Ei, Bobby, deixe ela em paz, ela acaba de ser roubada".

Foi graças à descoberta e à exploração do inconsciente que Freud fez suas descobertas mais importantes, a principal delas a de que do nascimento à morte estamos, todos nós, sem exceção, cindidos contra nós mesmos. Queremos ao mesmo tempo crescer e não crescer; ansiamos por prazer sexual e o prazer sexual nos aterroriza; detestamos nossas próprias agressões — raiva, crueldade, necessidade de humilhar —, porém elas decorrem dos agravos que estamos menos desejosos de deixar para trás. Mesmo nosso sofrimento é uma fonte tanto de dor como de reconforto. O que Freud achava mais difícil de curar em seus pacientes era a resistência a ser curado.

Uma vez tive uma amiga com quem estava segura de que envelheceria. Minha amizade com Emma não era uma que eu teria descrito como Montaigne descreveu a sua com Étienne de La Boétie — uma amizade na qual a alma se refina —, mas agora que penso no assunto vejo que, em aspectos importantes, era análoga. Nossa ligação era de um tipo que, se não refinava a alma, certamente alimentava tão bem o espírito que, durante um período efetivamente muito longo, quando estávamos na presença uma da outra, nós duas parecíamos perceber o próprio eu inquiridor em sua plenitude. Na escola havíamos sido exemplos perfeitos daquele tipo de garota muito inteligente cujas inseguranças as dotam de vozes que facilmente geram desprezo e crítica. Anos se passariam até que nossas formidáveis defesas se alterassem o bastante para que cada uma de nós fosse capaz de ver a si mesma na outra. Lembro-me de uma vez, nós com vinte e poucos anos, em que ouvi Emma corrigir a gramática de alguém — "A forma correta é *a quem*, não *ao qual*", e o desdém em sua voz me chocou. Graças a Deus que *eu* não falo desse jeito, pensei. Mas falava. Estávamos com trinta e poucos quando pela primeira vez ouvi a mim mesma tal como ouvia Emma sempre que uma ou outra de nós dizia alguma coisa horrorosa. E então, o corretivo da autocrítica — acontecimento eletrizante àquela altura de nossas vidas — operava uma espécie de mágica entre nós. Em pouquíssimo tempo ficou sendo necessário que nos encontrássemos pelo menos três vezes por semana para conversar. A estrada desimpedida da amizade imorredoura parecia se abrir diante de nós.

Para olhos não iniciados, a pujança da conexão entre mim e Emma talvez parecesse intrigante. Ela era uma burguesa acabada, eu uma feminista radical sem nenhum bem. Ela havia se casado, virara mãe e tinha um emprego qualificado; eu vinha de dois divórcios, não tivera filhos e levava a existência marginal de quem ganha a vida como freelancer. Por baixo dessas realidades dissociadas, porém, uma poderosa influência comum às duas nos aproximava de modo irresistível.

Juntas, parecíamos estar sempre tentando decifrar os componentes da situação geral à qual nossas próprias circunstâncias diziam respeito. Emma aderira à família, eu rejeitara a família; ela endossava a classe média, eu abominava a classe média; ela temia a solidão, eu a suportava. Contudo, quanto mais continuávamos nos encontrando e conversando, mais claramente víamos que saber como havíamos chegado a ser quem éramos consistia, para nós duas, na principal empreitada. Quando falávamos da exaustão do amor e da angústia do trabalho, do cheiro das crianças e do sabor da solidão, estávamos na verdade falando da busca pelo eu e da confusão que se criava com a mera construção da frase: O que *era* o eu? Onde ele estava localizado? Como buscá-lo, abandoná-lo ou traí-lo?

Essas eram as perguntas que concentravam nossas preocupações mais profundas. A consciência como um valor de primeira ordem, como ela e eu descobrimos, era o que estávamos explorando juntas.

A cada dia, mês e ano, a absorção foi se intensificando em nós, alimentada pela euforia do pensamento abstrato associado à concretude da vida diária. Conversando uma com a outra, nós duas sentíamos a força do contexto imposto ao cotidiano. Quanto mais explorávamos o imediato a serviço do teórico — um encontro casual no ônibus, um livro recém-iniciado ou recém-concluído, um jantar fracassado —, mais o mundo parecia se ampliar. O dia a dia virou matéria bruta para uma perspectiva em desenvolvimento que estava no processo de adquirir impulso narrativo: fosse sentadas numa sala, fosse comendo num restaurante, fosse andando na rua — era como se tivéssemos apreendido o conjunto das coisas sem jamais ter tido necessidade de sair de casa.

Continuamos desse jeito durante quase dez anos. E aí, um dia, o vínculo entre nós começou a se desemaranhar. Tive uma conversa arrevesada com o marido de Emma e ela achou que isso nos afastava. Ela leu um livro de um escritor liberacionista que eu apreciava e fiquei incomodada com seu desdém. Cada uma de nós fez uma nova amiga cujas virtudes não convenciam a outra. Naquele inverno, paguei o aluguel com muita dificuldade, e a preocupação de Emma com a nova decoração de sua moradia me deu nos nervos. De repente, a aventura que víamos no fato de termos condições de vida diferentes parecia estar azedando: meu apartamento acolhedor me parecia estéril, o marido amável dela um bobalhão. Quem *somos* nós?, lembro-me de pensar. O que estamos fazendo? E por que estamos fazendo juntas o que estamos fazendo?

Devagar, mas inexoravelmente, o empreendimento mente/espírito a que nossa amizade estivera devotada começou a perder o vigor diante da interferência crescente dos afetos a partir dos quais nossas vidas na verdade estavam formatadas. Como uma brotação incontrolável que vai ocupando uma clareira na floresta, as diferenças se avolumaram e avançaram sobre nós. Num piscar de olhos, a amizade que por tanto tempo fora fonte de empolgação e exercera poder passou a ser percebida como uma necessidade agora esvaziada de sentido. Da noite para o dia, aparentemente, ela deu uma passada larga e se deslocou do centro urgente para a margem exaurida. Lembro-me de pensar preguiçosamente, deitada certa manhã em minha cama, fitando o teto: como na paixão sexual... E em seguida, um tanto aturdida, concluí: É isso mesmo. É exatamente isso. Como na paixão sexual.

No fim, ficou claro que minha amizade com Emma tinha uma semelhança surpreendente com o amor romântico. A paixão que flamejara entre nós agora parecia o equivalente do tipo de sentimento erótico que sucumbe à própria intensidade no momento em que começamos a nos dar conta de que boa parte de nós não está envolvida nessa atração dos sentidos. A ironia, no caso, foi que o amor sexual normalmente arrefece devido a uma insuficiência da sensibilidade partilhada, quando sensibilidade era justamente o que Emma e eu tínhamos de sobra.

Na época em que minha amizade com Emma estava se desintegrando, lembrei que uma vez Winston Churchill disse que amigos permanentes não existem, só interesses permanentes, e mesmo compreendendo que o sentido das palavras de Churchill era que a ambição mundana é mais potente que as lealdades pessoais, lembro-me de pensar, mesmo na época: Ele está errado; interesses permanentes também não existem. Emma e eu havíamos nos distanciado devido à infidelidade de nossos próprios "interesses" em processo de mutação.

William James disse que nossas vidas interiores são fluidas, intranquilas, mercuriais, em permanente transição. As transições, especulou ele, são a realidade; e concluiu que nossa experiência "vive nas transições". É uma informação difícil de absorver e mais difícil ainda de aceitar, embora seja cristalinamente persuasiva. De que outra maneira explicar a misteriosa virada nas afinidades emocionais que, a qualquer momento do mais comum dos dias, faz um casamento, uma amizade, um contato profissional, depois de ameaçar uma e outra vez dissolver-se, chegar a um "súbito" e efetivo fim?

A suspensão do sentimento no amor romântico é um drama que a maioria de nós conhece bem, e que por isso nos sentimos em condições de explicar. Sob o domínio da intensidade gerada pela paixão, atribuímos poderes transformadores ao amor; imaginamos estar prestes a ficar novos, ou até inteiros, sob sua influência. Quando a transformação esperada deixa de se materializar, as esperanças entremeadas ao sentimento amoroso operam uma manobra desesperada de derretimento. A aventura de sentir-se conhecido na presença do amante se transfunde agora na angústia de sentir-se exposto.

Tanto na amizade como no amor, a expectativa de que nosso eu expressivo (ou mais) venha a florescer na presença do amado outro é um elemento-chave. Investimos tudo nesse florescimento. Mas e se o elemento intranquilo, fluido, mercurial que há dentro de nós estiver corroendo sem cessar exatamente aquilo que acreditamos ser o que mais queremos? E se, na verdade, a suposição de que exista um eu *em busca* de expressividade for uma ilusão? E se o impulso de chegar a uma intimidade estável for perpetuamente ameaçado por um impulso igualmente forte, senão maior, de chegar à desestabilização? E aí?

Na rua 14, ao meio-dia de um dia de verão — em meio a buzinas de carros, fregueses de lojas em liquidação e passageiros de uma das linhas do Crosstown —, dou com Victor, um dentista infeliz que morou anos no meu bairro. Alto e esguio, com um corte de cabelo César e olhos castanhos tristes, ele é um homem nervoso que sorri compulsivamente. Sempre que me vê, ele arrulha: "Querida, gracinha, garota linda, co-mo-vai?". Depois, como uma mãe em estado permanente de alarme interessado, ele escrutina atentamente meu rosto e com muita delicadeza pergunta: "Ainda escrevendo, querida?". Há alguns anos, Victor, em busca de paz interior, começou a viajar regularmente ao Japão para consultar um guia zen que lhe deu condições de se levantar da cama pela manhã em Nova York. Hoje Victor deve andar pelos sessenta anos.

Parados ali na rua 14, uma furadeira atordoando nossos ouvidos, Victor me diz com doçura: "Querida, gracinha, garota linda, *como* vai você? Ainda no mesmo edifício?".

"Ainda", respondo.

"Ainda no jornalismo?"

"Não, Victor, agora sou professora."

Ele espeta o queixo na minha direção como se quisesse dizer: "Conte!".

Conto. Ele ouve atentamente enquanto as palavras me saem depressa da boca, confirmando o tempo todo com a cabeça enquanto falo da privação de espírito que enfrento vivendo meses a fio nessa ou naquela cidade universitária.

"É um exílio!", exclamo finalmente. "Exílio puro e simples."

Victor confirma e reconfirma. Seus olhos castanhos se dissolvem em sofrimento líquido. Ele sabe *exatamente* do que estou falando, ah, ninguém no mundo jamais saberá melhor do que ele do que estou falando. Sua expressão se torna sonhadora. Sinto que a minha começa a ficar comprometida. Freios de automóveis guincham, sirenes perfuram o ar, a furadeira para e recomeça, para e recomeça. Sem problema. Victor e eu agora estamos em quarentena nessa ilha de barulho, embevecidos com questões da alma.

"Mas sabe de uma coisa, querida?", ele diz com imensa suavidade. "Descobri que tem muito amor por aí."

"Ah, claro", respondo depressa, dando-me conta de repente do dano que minhas negativas implacáveis podem estar provocando.

"Muito amor", ele repete reverencialmente.

"Com certeza", concordo. "Com certeza."

A furadeira começa de novo.

"Quer dizer, as pessoas *se importam* umas com as outras." Agora Victor está com uma expressão radiante. "Pode acreditar."

Agora sou eu quem confirma e reconfirma.

Victor põe a mão no meu braço, se inclina para mim, olha interrogativamente para dentro dos meus olhos, e se desvencilha da própria sabedoria.

"Querida", ele cochicha em meu ouvido... "Precisamos deixar fluir."

Claro, claro, ah, claro, sei muito bem o que você está querendo dizer.

"Deixar tudo *fluir*."

Depois do 11 de Setembro, uma atmosfera difícil de descrever envolveu a cidade e se recusou a ir embora. Foram semanas a fio em que a cidade pareceu esvaziada, confusa, arrancada do lugar. As pessoas perambulavam com ar atordoado, como se estivessem permanentemente intrigadas com alguma coisa que não conseguiam classificar. O cheiro era sinistro: ninguém era capaz de descrevê-lo com exatidão, mas quando suas narinas inalavam aquele ar, você ficava tenso. E o tempo todo uma espécie de imobilidade que não era deste mundo. Nos restaurantes, teatros, museus; nas lojas, no trânsito, na própria multidão — tudo parecia amortecido, inerte, imobilizado, até. Um homem apaixonado por filmes rodados em Nova York apagou o televisor quando começou um filme rodado em

Nova York. Uma mulher que gostava de ver fotografias da cidade na fachada de um estabelecimento comercial por onde passava diariamente agora hesitava ao se aproximar da loja. As fotos, disse, lhe davam a sensação de "antes", e nada "antes" era tranquilizador.

Em certa manhã amena e clara, cerca de seis semanas depois do dia fatídico, eu ia atravessando a Broadway na altura das ruas 70. Estava no meio da rua quando o semáforo abriu. Parei no canteiro do meio e fiz o que todo mundo faz: olhei para o lado de onde vinha o trânsito à espera de uma brecha na circulação para correr em segurança até o outro lado da rua antes que o semáforo fechasse. Só que não havia carros: nenhum à vista. Fiquei ali, hipnotizada pelo vasto e terrível vazio. Não consegui evocar um só momento — talvez com a exceção de uma nevasca — em que a Broadway estivesse livre de tráfego. A sensação era a de estar olhando para uma cena de outro tempo. Parecia uma Berenice Ab... comecei a pensar, mas na mesma hora o pensamento se interrompeu. Na verdade, eu é que me esquivei dele. Percebi que o mero fato de imaginar "uma cena de outro tempo" me deixava em pânico. Como se tivesse ocorrido uma ruptura fatal entre mim e o meu direito de ansiar por aquela Nova York de tanto tempo atrás, viva numa foto de Berenice Abbott. Naquela noite entendi o que havia sido drenado da cidade ao longo de toda aquela estação triste, perplexa.

Quando a experiência humana perde a escala e há uma ameaça de fim da civilização, só verdades cruas resolvem; e eu vinha encontrando verdades cruas gravadas na prosa minimalista dos romancistas franceses e italianos das décadas de 1950 e 1960. Nela, uma interioridade aterradora colada à prosa ressoava no interior de um silêncio insinuante que pressagiava desordem moral de natureza grave. Ah, sim, conjectura o leitor. Seja como for que a cidade foi um dia, agora ela é assim.

Ali parada no canteiro do meio da Broadway, compreendi o que era a coisa que estávamos perdendo: o sentido de saudade. E em seguida compreendi que *isso* é que estava no cerne da ficção do pós-guerra. Não era sentimento o que faltava naqueles romances; era saudade. Aquele silêncio frio, puro, que está no cerne da prosa europeia moderna, é a ausência de saudade: uma ausência perceptível apenas por aqueles que se sentem no fim da história, olhando, sem desejo ou pena, para o "é" daquilo que é. Agora, aqui na Nova York de depois do 11 de Setembro, nem que seja por enquanto, também nós estávamos parados, em linha com o resto de um mundo permanentemente no pós-guerra, contemplando aquela pureza fria, silenciosa.

Atrasada para um compromisso em Midtown, desço correndo as escadas do metrô no exato momento em que o trem entra na estação da rua 14. As portas da composição se abrem e um homem jovem à minha frente (camiseta, jeans, cabelo escovinha), com um carrinho de bebê elaboradamente dobrado às costas e levando uma criança bem pequena pela mão, se dirige aos assentos logo adiante. Me instalo no lugar fronteiro ao dele, tiro o livro e os óculos de leitura e, enquanto me acomodo, reparo distraidamente que o homem está removendo o carrinho das costas e se virando para a criança sentada. Ergo os olhos. O menino deve ter uns sete ou oito anos e é a criança mais grotescamente deformada que já vi. Tem um rosto de gárgula — boca torta, um olho mais alto que o outro — numa cabeça enorme, malformada, que me faz pensar no Homem Elefante. No pescoço do menino está amarrado um pano branco estreito, no centro do qual há um tubo curto, grosso, que parece estar inserido em sua garganta. Num outro momento, percebo que além disso ele é surdo. Me dou conta porque em seguida o homem começa a fazer sinais. No começo, o menino se limita a olhar os movimentos dos dedos do homem, mas pouco depois começa a responder mexendo os dedos, também. Então, à medida que os dedos do homem se movem cada vez mais depressa, os do menino vão se acelerando e em alguns minutos os dois conjuntos de dedos têm a mesma rapidez, a mesma complexidade.

De início constrangida por observar aqueles dois com tanta atenção, trato de olhar para o lado, mas eles estão tão manifestamente alheios a todos os que os cercam que não resisto a afastar os olhos do livro uma e outra vez. E então uma coisa notável acontece: a fisionomia do homem é tomada por uma expressão de tanto prazer e afeto conforme as respostas do menino vão ficando cada vez mais animadas — a pequena boca torta rindo, os olhos desemparelhados brilhando —, que a própria criança começa a parecer transformada. As estações vão se sucedendo e a conversa entre o homem e o menino vai ficando cada vez mais absorvente para os dois, dedos voando, ambos balançando a cabeça e rindo, que me vejo pensando: Esses dois estão humanizando um ao outro em altíssimo nível.

Quando chegamos à altura da rua 59, o menino me parece lindo e o homem beatífico.

Minha mãe passou por uma cirurgia cardíaca. Voltou da operação num estado de calma que eu nunca tinha sabido que ela possuía. Críticas e queixas desapareceram de sua voz, o agravo de sua fisionomia. Tudo virou motivo de interesse para ela: resolver que ônibus tomar, o sol no rosto, o pão na boca. Num restaurantezinho, antes de tomarmos o Crosstown, ela sorve seu café com prazer (em geral se queixa de que não está quente que chegue) e come um doce encantada. Reclina-se, olha para mim radiante. Depois se debruça sobre a mesa e declara, veemente: "Este é o melhor *cheese Danish* que já comi".

Saímos do restaurante e andamos até o ponto do ônibus. "Vamos esperar aqui", diz ela, apontando para um lugar perto do sinal. "Eu sempre ficava furiosa", explica, "porque o motorista passava o sinal e parava aqui. Nunca entendi a razão, mas agora me dou conta de que na verdade fica mais fácil para ele baixar a escadinha aqui para recolher pessoas como eu do que ao lado do sinal." Ri e continua: "Percebi ultimamente que quando não me irrito tenho mais pensamentos do que quando me irrito. A vida fica interessante".

Quase choro. Tudo que eu sempre quis foi que minha mãe ficasse feliz em estar viva na minha presença. Ainda acredito que se ela tivesse ficado feliz, eu teria crescido inteira por dentro.

"Imagine só", digo a Leonard. "Ela está tão velha e ainda consegue fazer isso comigo."

"O que é impressionante não é o fato de ela estar tão velha", diz. "É o fato de *você* estar tão velha."

Um mês atrás, passei por um casal de meia-idade no calçadão do Battery Park City. Ela era negra, ele branco; os dois tinham cabelo grisalho e contorno do rosto não tão definido. Estavam de mãos dadas e falando com empenho, os olhos deles inquiriam o rosto um do outro em busca de respostas para as perguntas que só amantes fazem um ao outro. Olhando para eles, me dei conta de que agora Nova York apresenta um número considerável de casais inter-raciais de meia-idade. Já faz mais de um ano que os vejo espalhados pela cidade, homens negros com mulheres brancas, homens brancos com mulheres negras, quase todos na faixa dos quarenta ou cinquenta, claramente nos primeiros estágios da intimidade. Me comovi ao ser relembrada uma vez mais de como está demorando para negros e brancos ficarem reais uns para os outros.

Às dez da manhã, estou na fila da biblioteca pública esperando para retirar um livro quando uma mulher de aspecto frágil mais ou menos da minha idade de repente se agarra à borda do balcão das retiradas e fica ali parada. Do meu lugar na fila, me inclino e pergunto: "Está tudo bem?". Ela olha para o meu lado com ar exausto, depois berra para mim: "Por que *diabos* você está me perguntando se está tudo bem?".

Ao meio-dia, parada na esquina à espera de que o sinal abra, baixo os olhos e vejo um par de sapatos que acho bonitos, mas complicados. "Esses sapatos são confortáveis?", pergunto à jovem que os calça. Ela dá um passo atrás, olha para mim com desconfiança e, com voz alarmada, responde: "Por que você está me perguntando isso?".

Às três da tarde, passo por um homem que grita para os lados: "Socorro! Socorro! Estou com quatro doenças encuráveis! Socorro!". Dou uma palmadinha no ombro dele e digo, bem-humorada: "Não é 'encurável'. A palavra certa é *incurável*". Ele responde na mesma batida: "Por acaso alguém te perguntou alguma coisa?".

A aleatoriedade da vida sendo o que é, algum tempo depois passo por outro dia "Por acaso alguém te perguntou alguma coisa?".

Estou num ônibus Crosstown, assento de corredor. Um homem — negro, quarenta e tantos anos, vestindo jeans e camiseta amarela folgada — está em pé ao meu lado falando muito alto pelo celular. Cruzo o olhar com ele e faço um movimento com a mão que significa "Abaixe a voz". Ele faz uma cara muito impressionada.

"Você quer que eu fale mais baixo?", pergunta, incrédulo. "Não, minha senhora, eu *não* vou falar mais baixo. Paguei minha passagem e vou fazer o que me der vontade."

"Sua passagem lhe dá o direito de usar o ônibus", respondo. "Mas não lhe dá o direito de incomodar os passageiros."

"Qual é, sua puta?", grita o homem.

Saio do meu assento e vou falar com o motorista. "O senhor ouviu o que aquele homem acaba de me dizer?"

"Ouvi, senhora", responde o motorista em tom fatigado. "Ouvi."

"E vai fazer alguma coisa a respeito?", pergunto.

"O que a senhora quer que eu faça? Que chame a polícia?"

"Sua puta, sua puta branca", vocifera o homem do celular.

"Isso", digo eu. "Chame a polícia."

O ônibus para com um guincho dos freios.

"Todo mundo desce do ônibus", grita o motorista.

Uma mulher ao fundo se queixa: "Estou atrasada para a terapia!".

Quando os guardas aparecem, riem da minha cara.

Vou para casa, escrevo um relato do incidente e mando para o *Times* por e-mail.

Dois dias depois, meu telefone toca e um homem do jornal diz: "Você quer que a gente publique *isto*?".

Ela veio ao mundo com o nome Mary Britton Miller em New London, Connecticut, em 1883, de família protestante abastada, e cresceu para tornar-se uma das Mulheres Singulares. Sabe-se lá por quê. Sua infância foi marcada por episódios de melodrama — aos três anos já era órfã, aos catorze a irmã gêmea se afogou, aos dezoito (especula-se) pode ter dado à luz um filho ilegítimo. O que, porém, explica uma sensibilidade destinada a ser moldada por um conjunto de experiências e não por outro? Ou, quanto a isso, o que explica que um conjunto de fatos *se transforme* em experiência — e não outro? Mas uma coisa é certa: inevitavelmente acabamos profundamente surpresos — "Não é *isso* que eu havia imaginado!" — com o desenlace da coisa; e inevitavelmente, também, essa surpresa fica sendo nossa matéria-prima.

Seja qual for a verdade de suas circunstâncias internas, em 1911, aos vinte e oito anos de idade, Mary Miller se instalou em Nova York, onde trabalhou e viveu, completamente só, pelo resto de sua longa vida. Quando morreu, em 1975, foi no apartamento do Greenwich Village onde havia vivido por mais de quarenta anos. Nunca se casou e, aparentemente, que se saiba, também não teve amantes. Mas tinha amigos, alguns dos quais a descreveram como espirituosa e cruel, divertidamente arrogante e autodidata notável.

Durante anos, Mary B. Miller escreveu poemas e contos convencionais, que foram publicados, mas passaram despercebidos. Depois, entre 1946 e 1952, dos sessenta e três aos sessenta e nove anos, sob o nome Isabel Bolton, ela produziu três novelas modernistas que, ao serem publicadas, atraíram uma quantidade significativa de atenção literária. Edmund Wilson elogiou seu trabalho na *New Yorker*, assim como Diana Trilling na *Nation*. Os dois críticos acreditavam ter descoberto um novo grande talento.

As novelas são pura voz, quase nenhum enredo. O leitor está no interior da mente de uma mulher — essencialmente a mesma mulher em todos os livros — no decorrer de um dia (ou alguns dias) em Nova York, cismando, pensando, rememorando, tentando compor um retrato da própria vida numa prosa que imita a interioridade: livre, em lampejos, com um viés de devaneio. A ação está sempre a uma certa distância; o que importa é o devaneio. Na primeira novela, estamos em 1939, a mulher tem quarenta e tantos anos e seu nome é Millicent. Na segunda, o ano é 1945, ela está com cinquenta e tantos e se chama Hilly. A terceira transcorre em 1950, ela tem mais de oitenta anos e seu nome é Margaret. Vemos o esboço de uma vida pontilhada de nova-iorquinos inteligentes, informados; os protagonistas estão dispersos, e sempre aparece um rapaz a quem a personagem central está estranhamente ligada; mas na verdade ela está sozinha e sempre esteve. Em cada uma dessas histórias, porém, a mulher tem condições de fazer um acordo com a vida porque tem a cidade para amar. E como ama:

> Que cidade estranha, fantástica... havia ali alguma coisa impossível de experimentar em qualquer outro lugar do mundo. Alguma coisa que se amava intensamente. O que era essa coisa? Percorrendo as ruas — aguardando nas esquinas com os transeuntes: o que induziria aquele clima especial dos nervos... um estranho sentimento de intimidade, amabilidade, estar ali com todas aquelas pessoas e naquele estranho lugar... Elas tocavam seu coração com ternura e você se sentia parte do voo, da vibração bem reais — escrutinando os rostos delas, especulando a respeito de suas sinas e seus destinos.

Essa relação entre o eu e a cidade é o verdadeiro tema de Bolton, a parte modernista de sua obra:

> Você se deslocava em automóveis, embarcava em transatlânticos, cruzava o continente em motos menores ou maiores... o momento presente tão cheio de terror e ternura, e experimentando dia após dia tanta intensidade bizarra. Tentando tantas vezes entender quem você era e o que você era e quem você teria de ser no momento seguinte... e o coração tão faminto de sabe Deus exatamente o quê, tão sem alívio, tão oco... [Só que] quase qualquer coisa poderia acontecer com você em Nova York... a fabulosa cidade parecendo uma grande árvore de Natal, tão efusivamente iluminada, com tantos dons resplandecentes sendo distribuídos o tempo todo... Você nunca diria que ela corresponde ao clima natural de sua alma... Sedento como estava

> por alguma mostra de acolhimento e amizade [que pareciam] ter se dissolvido em fuxicos, análises — sofisticação... Havia fome, havia imensa curiosidade, havia solidão... Mas havia esses momentos súbitos, inexplicáveis — ser tomado pelo amor — em qualquer lugar — a bordo de um ônibus, em auditórios lotados — às vezes em noites hibernais com os arranha-céus flutuando, cintilando acima de você... fundindo-se na turba, inquirindo os rostos. Esse sentido de fraternidade. Você afundava nele sua solidão.

Era essa solidão que dizia a Bolton que ela era "o indivíduo... mais solitário que jamais, em qualquer momento dado na sucessão de acontecimentos malucos, havia pisado a face da Terra". E, então, o paradoxo de sua situação a golpeia: "Meu Deus, como amávamos nossa própria solidão... Éramos incapazes de dar porque havia tanta coisa ao nosso alcance para apanhar e colher e estocar para nós mesmos, para nossas solitárias almas".

Bolton estava com quase setenta anos quando escreveu essas palavras. Havia vivido o suficiente para constatar que a vida moderna, com suas liberdades inenarráveis espelhadas na barafunda adorável da cidade apinhada, revelou-nos para nós mesmos mais do que a cultura de qualquer outra era. Ela vê o que Freud viu — que nossa solidão é angustiante e que, mesmo assim, inexplicavelmente, relutamos em deixá-la de lado. Em nenhuma fase do tempo psicológico ficamos livres dessa contradição: ela é o conflito dos conflitos. Foi essa a sabedoria de Bolton, sua única sabedoria. Quando ela a escreveu, no fim da década de 1940, seus leitores mais literatos a consideraram profunda.

Os dois maiores escritores da população urbana do século XIX foram Charles Dickens e Victor Hugo. Cada um deles, à sua maneira, entendeu plenamente o significado dessas massas metropolitanas em rápido crescimento tanto em Londres como em Paris. Dickens, especialmente, captou seu significado. Ver com o canto do olho um homem ou uma mulher andando depressa — sentir a presença dele ou dela de um ângulo de visão que só permitia que se registrasse meio rosto, parte de uma expressão, uma fração de gesto; e depois decidir rapidamente como reagir a esse fluxo de parcialidade humana — isso estava criando uma alteração radical na história social.

Victor Hugo, bem como muitos outros escritores do século XIX, via a mesma coisa e entendeu, como explica Walter Benjamin, que não havia assunto mais merecedor de sua atenção do que a multidão. Foi a fina percepção de Hugo, escreveu Benjamin, que o fez ver que a multidão "estava a ponto de assumir um formato enquanto público... que adquirira facilidade na leitura" e estava se tornando o tipo de consumidor de livros que "desejava se encontrar retratado no romance contemporâneo, como ocorria com os patronos nas pinturas da Idade Média".

Essas observações de Benjamin sobre Victor Hugo constam de um famoso ensaio que ele escreveu sobre Baudelaire, o escritor que lhe era mais caro. Foi em Baudelaire que se desenvolveu a ideia do flâneur: ou seja, a pessoa que perambula sem destino pelas ruas das grandes cidades, num contraste estudado com a atividade apressada e voltada para objetivos definidos da multidão. Para Baudelaire, o flâneur se metamorfosearia no escritor do futuro. "Quem dentre nós", escreveu ele, "não sonhou, em seus dias ambiciosos, com o milagre de uma prosa poética... [que] se adaptasse aos arroubos líricos da alma, aos movimentos em onda do sonho, aos choques de consciência. Esse ideal... se apossará especialmente daqueles que se sentem em casa nas cidades gigantescas e na rede de incontáveis relações interconectadas que há nelas." Essa multidão, escreveu Benjamin, da qual Baudelaire está consciente o tempo todo, "não serviu de modelo para nenhuma de suas obras, mas está impressa em sua criatividade como figura oculta".

Estou subindo a Quinta Avenida ao meio-dia diretamente ao encontro da luz solar fria e crua de uma manhã de novembro. Hordas de pessoas vêm na minha direção. Antes essas hordas eram compostas predominantemente de brancos, agora são de negros e outras origens. Antes se vestiam de azul e colarinho branco; agora, de roupas informais. Antes respeitavam a lei, agora não. A língua mudou, mas o espírito se mantém estável. De vez em quando vejo um rosto e um personagem perdido em meio aos jeans e jaquetas de praxe — alguém de rosto estreito e cútis alva vestindo peles lustrosas (Paris, 1938); alguém trigueiro e perigoso falando espanhol da ilha (Cuba, 1952); alguém com olhos de ameixa e além do tempo (Egito, 4000 a.C.) — e sou lembrada da natureza persistente da multidão. Nova York me pertence tanto quanto pertence a todos eles: não mais a mim do que a eles. Estamos todos aqui na Quinta Avenida pela mesma razão e em virtude do mesmo direito. Todos nós percorremos incessantemente as ruas das capitais do mundo: atores, caixeiros, bandidos; dissidentes, fugitivos, clandestinos; gays de Nebrasca, intelectuais poloneses, mulheres à margem do tempo. Metade dessas pessoas vai ser engolida pelo brilho e pelo crime — desaparecendo em Wall Street, escondendo-se no Queens —, mas metade delas será eu: uma caminhante na cidade; aqui para alimentar a torrente incessante de multidão incessante que certamente está ficando impressa na criatividade de *alguém*.

Leonard e eu estamos passando na frente de uma livraria. Vemos na vitrine um conjunto de livros sobre cirurgia cosmética escritos por uma mulher que conheço.

"Ela tem só quarenta e dois anos", digo. "Por que está escrevendo sobre cirurgia cosmética?"

"Vai ver que tem setenta", responde Leonard. "Vai saber."

Uma escritora das minhas relações (vou chamá-la de Alice) foi atingida pela enfermidade aos oitenta e cinco anos. A artrite a atacou da cabeça aos pés, deixando-a tão incapacitada que ela resolveu se internar numa instituição em Upper Manhattan para pessoas com necessidade de assistência constante. Composto de uns cem apartamentos do tipo estúdio, de um conjunto completo de instalações para uso coletivo, de um refeitório claro e arejado, o local era ao mesmo tempo confortável e atraente. Equipado (como era) com excelente atendimento de saúde, no início aquilo parecia um sonho transformado em realidade: uma mulher de valor fragilizada pelas circunstâncias estava sendo fantasticamente atendida em seu momento de necessidade. Só que o lugar era gerido por uma empreiteira amplamente financiada por verbas federais: o que significava que as diferenças de classe, recursos e educação foram reduzidas para acomodar uma cultura do mínimo denominador comum. E aí morava o perigo de um sonho que acabou mal.

Alice, que era uns vinte anos mais velha do que eu, havia sido uma escritora conhecida trinta anos antes da época em que a conheci. Quando eu estava na faculdade, meus amigos e eu líamos seus romances com interesse e admiração. Além disso, ela era glamourosa. Mulher esbelta, dona de um cabelo maravilhoso e com muito gosto em matéria de roupas, tinha um marido bonito, casa nos Hamptons e apartamento no Dakota. Quando a conheci, ela já estava beirando os oitenta, época em que seus bens haviam sofrido um revés. Seus livros já não eram publicados, o marido a deixara e ela estava morando numa residência para mulheres.

A nossa foi uma dessas amizades especiais baseadas não na sensibilidade partilhada, mas nas complicações da carência emocional. Pouco depois que Alice e eu nos conhecemos, descobri que na verdade não gostava dela. Sua mente estava alerta, sua energia mental intacta e sua vontade de conversar tão viva quanto sempre havia sido. Foram o jeito dela (empertigado), sua política (conservadora) e seu gosto literário (mediano) que acabaram com meu interesse. Nós duas éramos esquentadas, por isso não raro nossas conversas acabavam num bate-boca de discordância irritada, e quase sempre eu voltava para casa me sentindo ao mesmo tempo culpada e envergonhada. Mesmo assim, continuamos nos considerando amigas. Ela precisava muito de um interlocutor que soubesse quem ela era, eu precisava muito continuar admirando uma escritora que um dia havia significado tanto para mim.

Fui visitar Alice duas semanas depois de ela ir morar na instituição para pessoas com necessidade de assistência. No lobby, pintado de amarelo-claro e mobiliado com conversadeiras e sofás em cores vivas, vi algumas mulheres e alguns homens de rosto inexpressivo sentados aqui e ali com ar indiferente — "mau sinal", foi o que me passou pela cabeça —, mas o estúdio que haviam dado a Alice era adorável. Inundado de luz e mobiliado com excelente gosto, parecia perfeito: tudo ao alcance da mão e agradável de olhar. A própria Alice parecia tão bem quanto pode estar uma mulher com dor permanente. Perguntei-lhe como se sentia e em dez minutos ela me disse. Em seguida, declarou: "Já chega". E não estava brincando. Em pouco tempo estávamos conversando como sempre sobre livros, pessoas que conhecíamos, as manchetes do dia. Às cinco e meia ela avisou: "Hora do jantar". Ajudei-a a se levantar da cadeira e lhe passei a bengala; quando íamos saindo do apartamento, lembro-me de ter pensado que ela — alta, digna, bem-vestida — parecia especialmente alerta.

A porta do refeitório se abriu e quase entrei em choque. O aposento era uma floresta de cadeiras de rodas, andadores e bengalas, com quase todos os presentes atrelados a esses equipamentos e parecendo tão indiferentes quanto as pessoas que eu havia visto no lobby. Por mais alegremente que o salão propriamente dito estivesse pintado e mobiliado, o lugar parecia impregnado de abandono — de miséria, até. Era a miséria de pessoas jogadas num mesmo lugar simplesmente por serem velhas e estarem fisicamente incapacitadas.

Sem uma palavra, Alice me conduziu até duas cadeiras vazias, numa mesa com seis lugares. As outras quatro cadeiras estavam ocupadas por dois homens e duas mulheres, todos em silêncio. Quando nos sentamos, os rostos deles se iluminaram e um dos homens disse: "Ah, aqui está a Alice. *Ela* vai nos explicar o que está certo e o que está errado nessa história".

A "história", vimos em seguida, dizia respeito a um tira-gosto entregue por engano a Monica, a ruiva de noventa anos com vestido de poliéster roxo estampado, quando deveria ter ido para Minna, cuja boca tremia e cujos olhos azuis estavam inundados de ansiedade. Aparentemente, quando Minna pedira à garçonete que trouxesse outro tira-gosto para ela, fora informada de que Monica estava comendo a última porção disponível. Nesse ponto, Minna entrara em queda livre, insistindo repetidamente que o prato deveria ter sido servido a *ela*, e não a Monica, que aquilo não era justo, simplesmente não era justo. Na mesma hora, Alice acalmou Minna dizendo-lhe que não era justo de jeito nenhum, mas que nem mesmo a vida era justa, de modo que o fato de ela passar *de novo* por aquela injustiça era prova de que continuava viva; disse que só isso já seria suficiente para que Minna se sentisse grata. A fisionomia de Minna se abriu num sorriso encantador, e a crise foi superada.

Algumas semanas depois, lá estava eu outra vez no refeitório com Alice, e outra vez testemunhei situações em que pessoas recorriam a ela para que interferisse em disputas semelhantes à que envolvera Minna e Monica. Dessa vez foi uma discussão a respeito de um filme; por causa dele, a mesa inteira havia entrado em parafuso. "É tão interessante, você não acha?", disse-me Alice quando estávamos deixando o local. Concordei com a cabeça, sem dizer nada. "Quantas coisas extraordinárias a gente aprende a respeito do comportamento humano num lugar como este", ela concluiu.

De posse, agora, de uma personalidade estoica que eu nunca havia visto em ação antes, Alice estava se tornando um personagem muito querido na instituição. Ela tomara a decisão de se interessar pelo que acontecia ali, e seu prazer de romancista com as esquisitices da humanidade que a cercava viera em seu auxílio. O resultado foi que seu velho estilo altaneiro passou a ser visto como salomônico. Para os voláteis moradores do local, a gravidade do estilo de Alice lhe conferia uma sabedoria na qual sentiam instintivamente que podiam confiar. E para completar, ela era uma autêntica dama, não é mesmo? Do tipo que dignificava a humanidade essencial de todo aquele que cruzasse seu campo de visão. Quando Alice entrava no refeitório, pessoas que ela não conhecia sorriam e a cumprimentavam com a cabeça quando ela passava.

Só que a humanidade essencial da própria Alice não estava sendo atendida. A cada vez que eu a visitava, ela parecia exponencialmente mais cansada do que na vez anterior. Claro, já estava com bem mais de oitenta e cinco anos e vivendo à base de analgésicos; o cansaço, porém, era, no geral, do espírito e não do corpo. Depois de alguns meses na instituição, passei a encontrá-la largada em sua poltrona com um ar tão exausto que me apavorava. Mesmo assim, eu me instalava numa poltrona diante dela e, sem sequer perguntar como ela estava, começava logo a falar. Depois de ouvir minha voz por alguns minutos, seu rosto, seu corpo, o movimento de suas mãos, começavam a voltar à vida. Não demorava e já estávamos conversando sobre livros e manchetes e pessoas que conhecíamos com a mesma animação de sempre, fora as brigas. Acho que nunca vou esquecer a cena daquela conversão miraculosa. Ver como o estímulo a uma mente talentosa era capaz de trazer uma pessoa semimorta de volta à vivacidade era testemunhar uma transformação que nunca me parecia menos que mágica.

"Não tem ninguém aqui com quem você possa conversar?", perguntei uma vez.

"Não, querida", respondeu Alice. "Bater papo, sim. Isso eu faço muito. Mas conversar? Não. Conversa como a que estamos tendo agora, sem dúvida eu não tenho como ter aqui."

A tagarelice que todo dia enchia seus ouvidos, contou-me, era de matar. Pior que o silêncio, disse. Muito pior.

Uma amiga comum me surpreendeu ao comentar como era triste que a vida de Alice estivesse se aproximando do fim daquele jeito — nossa amiga se referia ao fracasso do casamento e ao fim da carreira literária dela. Para mim, porém, não era por aí que as perdas de Alice na fase final da existência deveriam ser vistas. Afinal, ela vivera muito bem por muitos anos — com dinheiro, glamour, fama, sexo estável; então, qual era o problema de não ter essas coisas até o fim? Esse era simplesmente o curso da existência comum a nós todos, e não exatamente razão para lástima. Não, o importante no caso de Alice era ela ter passado uma vida inteira lutando para se tornar um ser humano consciente cujo prazer fundamental era o uso da própria mente; e agora estar encerrada numa atmosfera construída para ignorar — ou melhor, para descartar — aquele esforço prolongado, valente, quando a única coisa devida a um ser humano — sim, do primeiro ao último deles — era que esse esforço fosse respeitado.

E então me dei conta da insignificância de todas as minhas queixas anteriores a respeito daquela amizade. A que ponto pareciam mesquinhas, triviais; abjetas, na verdade. Agora, só o que importava era minha amiga viver confinada — sempre que não estava lendo — num exílio da mente que correspondia a estar presa numa solitária. Era como se Alice estivesse sendo considerada culpada de ter ficado viva por muito tempo. A que ponto aquele castigo me parecia excessivo para o crime!

Alice ainda viveu sete anos na instituição. No dia de seu enterro, descobri que as pessoas mais improváveis também a visitavam regularmente. A maioria delas eu conhecia de passagem, e nenhuma, em minha opinião, fora tão próxima de Alice quanto eu — uma feminista do Village, uma artista performática do SoHo, uma prima que vivia no Bronx, um diretor de programas da biblioteca pública —, mas até parecia que todos nós havíamos feito parte de uma confraria dedicada ao resgate de Alice-na-solitária.

Uma imagem me passou pela cabeça na ocasião: a de um círculo aplicado à superfície de Manhattan, com raios indo do centro para a periferia. Em qualquer momento dado, um dos membros da confraria estaria andando ao longo de um daqueles raios na direção do centro, onde Alice estava à espera. Quando o confrade chegava ao ponto onde ela estava, o raio se iluminava.

No verão, nos bairros do West Side onde há conjuntos habitacionais, homens jogam dominó em mesas de jogo instaladas na calçada, mulheres sentam-se nos degraus de entrada dos prédios para bater papo, crianças jogam bola, adolescentes namoram e por todo lado as pessoas bebem, fumam, usam drogas. Uma vez, vi um porco sendo assado à meia-noite no meio da rua porque alguém tinha ganhado na loteria. Ao longo do dia inteiro e durante a maior parte da noite, homens e mulheres gritam, soluçam, riem, discutem em alto volume. Ali as emoções não são filtradas e circulam desembestadas sem gradação nem comedimento.

Numa noite de julho, descendo a Nona Avenida na altura das ruas 40, na calçada apinhada, vi um homem e uma mulher em pé perfeitamente imóveis em meio à multidão. Ele olhava atentamente para o rosto dela e uma de suas mãos lhe segurava o braço. Ela, por sua vez, tinha o rosto virado para o lado, os olhos bem fechados e a boca formando um *não* sem palavras. Quando cheguei perto de onde eles estavam, por acaso olhei para cima e vi uma mulher na escada de incêndio fitando com olhos ardentes o homem e a mulher na rua, e havia um medo indiscutível estampado em seu rosto. Por um momento senti inveja da vida no Hell's Kitchen.

A rua está sempre em movimento e você precisa gostar do movimento. Precisa encontrar a composição do ritmo, extrair a história da ação, entender sem lamentar que a força do impulso narrativo é frágil, embora infinita. A civilização está desmoronando? A cidade está avariada? O século é surreal? Aumente a velocidade. Encontre o eixo ficcional mais depressa.

No ônibus da Sexta Avenida me levanto para ceder o lugar a uma senhora. Ela é miúda e loira, usa joias de ouro e veste um casaco de pele surrado; suas mãos são um par de garras manchadas, a que estão presas longas unhas vermelhas. "Você fez uma coisa boa, querida", ela me diz, e sorri com timidez. "Estou com noventa anos. Completei ontem." Sorrio para ela. "Você está ótima", digo, "não parece ter mais de setenta e cinco." Seus olhos cintilam. "Não venha com brincadeira", diz.

No balcão de um café, duas mulheres estão conversando sentadas em ângulo reto em relação a mim. Uma está contando à outra que uma mulher que as duas conhecem está indo para a cama com um homem muito mais jovem. "A gente já avisou: ele só quer seu dinheiro." A mulher que está falando balança a cabeça como uma boneca de pano e faz cara de boba para imitar a mulher da qual está falando. "'Tudo bem', ela responde, 'ele que *fique* com meu dinheiro, com *todo* o meu dinheiro.' E enquanto isso, está na maior forma."

Na rua 42, um homem andando à minha frente — magrelo, jovem, negro — de repente se deita no meio da rua de pernas e braços abertos bem na hora em que os carros estão começando a se movimentar. Me viro impulsivamente para o homem a meu lado, que, no caso, também é magrelo, jovem, negro, e grito para ele: "Por que ele está *fazendo* isso?". Sem diminuir o passo, ele dá de ombros. "Sei lá, senhora. Vai ver que está deprimido."

Todos os dias, ao sair de casa, digo para mim mesma que vou fazer minha caminhada subindo pelo East Side da cidade porque o East Side é mais calmo, mais limpo, mais espaçoso. Só que por alguma razão sempre vou parar no apinhado, imundo e volátil West Side. No West Side, a vida parece significativamente temática. Toda aquela inteligência aprisionada no interior de todos aqueles seres espirituosos. Me faz pensar na razão pela qual caminho. Pela qual todo mundo caminha.

Quando eu tinha oito anos, minha mãe cortou um pedaço de um vestido que eu estava querendo muito usar na festa de aniversário de uma amiga. Pegou a tesoura de costura e recortou a parte do vestido que teria coberto meu coração — caso, disse ela, eu tivesse um. "Você está me matando", ela sempre uivava, apertando muito os olhos, punhos fechados, quando eu desobedecia ou pedia uma explicação que ela não podia fornecer ou insistia com ela para que me desse alguma coisa que ela não ia me dar. "A qualquer momento vou cair morta no chão", ela berrou naquele dia, "você não tem coração."

Nem é preciso dizer que não fui à festa. Em vez disso, chorei por uma semana e passei cinquenta anos magoada com o incidente.

"Como você pôde fazer aquilo com uma criança?", perguntei a ela nos anos que se seguiram, uma vez aos dezoito e de novo aos trinta e uma vez mais aos quarenta e oito.

O estranho é que em todas as ocasiões em que mencionei o incidente, minha mãe dizia: "Isso nunca aconteceu". Eu olhava para ela, com insolência crescente a cada uma dessas ocasiões, e a informava em termos nada imprecisos que ia continuar lembrando-a daquele crime contra a infância até o dia em que uma de nós duas estivesse morta.

Os anos foram passando, comigo trazendo periodicamente à tona a lembrança do vestido recortado e com ela negando, também periodicamente, sua veracidade. E assim prosseguimos, eu não acreditando nela, e não acreditando nela, e não acreditando nela. E aí um dia, muito de repente, acreditei. Numa tarde fria de primavera, eu com cinquenta e muitos anos, ao descer do Crosstown da rua 23 na Nona Avenida, assim que meu pé tocou o chão, me dei conta de que, fosse o que fosse que havia de fato acontecido naquele dia mais de meio século antes, não tinha nada a ver com o que eu me lembrava que tinha acontecido.

Deus meu, pensei, comprimindo a testa com a palma da mão, é como se eu tivesse nascido para construir minha própria queixa. Mas por quê? E continuar teimando com todas as minhas forças. De novo: por quê? Quando minha mão se separou da minha testa, fiz uma saudação a Leonard erguendo um chapéu invisível. Eu também, disse silenciosamente a ele. "Tão velha e ainda tão desprovida de informação."

Por muitíssimo tempo, a intensa, doce felicidade que Manny e eu experimentamos naquela primeira noite em que fomos para a cama continuou se manifestando. Cada um de nós era tomado pelo sentimento romântico com impressionante regularidade: em elevadores, pontos de ônibus, entradas de restaurante, no escurinho do cinema, à luz intensa da lanchonete aberta a noite inteira. De repente, um ou outro de nós soltava: "Eu te amo ai meu Deus te amo você não imagina o quanto eu te amo". Era difícil explicar a onda irracional de alegria que chamávamos amor, e muito mais difícil ainda a que ponto eu havia sido completamente tomada por ela. Lembro-me de pensar: Será que é isso o que chamam ficar gamada?

Manny havia sobrevivido à sua prolongada e intrigante melancolia imaginando-se perpetuamente prestes a iniciar um futuro que até ali se esquivara dele. Isso significava ganhar apenas o dinheiro suficiente para sobreviver e continuar marginal em todos os seus hábitos. Ainda à espera de que sua vida começasse, ele fazia tudo na opção barata. Tomava café em pé no balcão, ia a pé para todos os lugares, usava as mesmas roupas até que virassem farrapos. O ferry da Staten Island era nosso iate, concertos de estudantes da Juilliard eram nosso Carnegie Hall. Entrada dupla no teatro pelo preço de uma, jantar na lanchonete e caminhadas pela cidade inteira completavam nossa agenda social.

Minha própria insegurança no que diz respeito a dinheiro estava sempre presente, mas eu morava num bom apartamento, comia em restaurantes muitas vezes por semana e gastava uma soma pequena, mas considerável, em música, teatro e cinema. Contudo, as predileções de Manny me invadiram facilmente. Adotei-as, como se entre aquele momento e a época em que nós dois vivíamos no Bronx não tivesse acontecido nada; como se eu tivesse simplesmente aprendido a macaquear o jeitão da classe média e agora voltasse a meu ser autêntico.

Foi então que comecei a pensar sobre a ausência de consumismo em minha pessoa — à qual já me referi. Quando vi o apartamento de Manny, entendi na hora seu significado para nós dois. Ele morava num vasto cômodo num edifício de lofts, no Brooklyn. O cômodo era claro e limpo e arrumado. Nele, Manny tinha uma cama, uma mesa, duas cadeiras e um abajur; na cozinha, duas panelas e uma frigideira, dois pratos, duas xícaras, dois conjuntos de talheres, três ou quatro copos. Minimalista, pensei secamente, muito minimalista... e naquele instante me senti sem graça.

Era como se de repente eu tivesse me dado conta de que as coisas emprestam calidez e cor ao ambiente onde vivemos, dando-lhe peso, contexto e dimensão. Um mundo desprovido de coisas deixa a atmosfera nua: preta, branca e despovoada. Se você não quisesse ter coisas do jeito que Manny e eu não queríamos ter coisas, isso só podia significar que você estava querendo viver com a confirmação de um sentido de marginalidade suficientemente forte para fazer o eu contrafeito permanecer imobilizado anos a fio.

Lá, naquele cômodo arrumado, vazio, vi o prolongado desalento vital que havia em Manny e sua ineludível consequência em mim. Uma coisa notável era que eu sentia afeição pela "eu" que via refletida no espaço despojado de Manny. Ali em pé na porta, senti meu coração correr para ele. Abracei-o, aderi a ele.

Mas a desabilidade recíproca é um ímã pouco confiável. Sempre chega a hora em que ela repele em lugar de atrair.

Passado um ano, ficou claro que o amor não nos proporcionaria paz nem estabilidade. A nostalgia e a química haviam nos aproximado e nos mantinham juntos, mas as incursões no prazer feitas por necessidades que se originam em lugares que não os sentidos começaram depressa a se multiplicar. A forma mais vital de conexão, fora o sexo, é a conversa. Tanto para Manny como para mim, era importante falar e ser ouvido, mas depois de alguns meses parecíamos discordar quanto a praticamente tudo — e a discordância era invariavelmente experimentada como repúdio. A menor diferença de opinião virava tema de briga; e uma conversa com algum conteúdo evidenciava uma ausência de conexão que em geral se mostrava quase fatal. Vezes sem conta éramos surpreendidos pela intensidade súbita da irritação que começava a caracterizar a maioria de nossas trocas de ideias. A volatilidade era surpreendente: se inflamava como fogo em matagal, e em poucos segundos sucumbíamos, vítimas das chamas.

De meu lado, passei muitas horas tentando reconstruir o trajeto desses desastres conversacionais, perguntando-me qual teria sido a frase pronunciada como estímulo e recebida como desafio, a reação que confundira meus insights, a nuance que abafara os dele. Por que, eu me perguntava sentada sozinha tarde da noite, havíamos chegado tão perto um do outro sem, contudo, deixar de permanecer separados? Éramos os dois boa gente, inteligentes, instruídos. Apertávamos o mesmo botão na cabine eleitoral, líamos as mesmas resenhas de livros no *Times*. Nenhum de nós era corretor imobiliário ou funcionário municipal. O que estava dando errado? A resposta a essas perguntas era sempre a mesma.

Boa conversa não depende de reciprocidade de interesses ou preocupações de classe ou ideais defendidos em comum: depende de temperamento, aquilo que faz uma pessoa reagir instintivamente com um simpático "Sei exatamente o que você está querendo dizer", e não com o argumentativo "O que você está querendo dizer com isso?". Havendo um estado de espírito partilhado, a conversa quase nunca perde seu fluxo desimpedido, sem resguardos; não havendo, a pessoa está sempre pisando em ovos.

No calor das nossas discussões, eu inevitavelmente tentava me acalmar com a observação: "Olhe, a gente simplesmente não está na mesma sintonia, é só isso, sintonias diferentes". Eu pronunciava essas palavras como se as considerasse uma avaliação neutra do nosso problema, mas Manny sempre as ouvia como uma rasteira, mesmo elas sendo tão verdadeiras para ele quanto para mim. Só que também era verdade que o que aquelas palavras significavam, quando eu as pronunciava, era que na presença dele minha própria mente se tornava um ônus para mim. Eu ficava defensiva quando era forçada a explicar o que deveria ter o direito de explorar, sentia-me travada e depois podada.

A ironia era que quanto piores ficavam as discussões entre mim e Manny, mais eu tinha medo de perdê-lo. Depois de seis meses juntos, eu havia ficado terminalmente suscetível, fazendo cena atrás de cena por não conseguir controlar a sensação de que já não contava com toda a atenção sexual dele. Na cama eu sabia que ele me adorava, mas mesmo assim achava que ele estava olhando para toda mulher bonita que passava na rua, que ele já não me achava boa o bastante. Agora, cada palavra que ele dizia, cada gesto seu, cada centelha nos olhos dele, estavam continuamente sendo medidos com uma régua invisível que dizia: "Ele me ama mais hoje do que ontem, menos do que há uma hora, não tanto quanto há duas semanas".

O fato é que não éramos amigos. Sem amizade, cada um de nós estava sozinho na natureza selvagem.

Comecei a me dar conta daquilo que todas as pessoas do mundo sabem e rotineiramente esquecem: que ser amado sexualmente é ser amado não por nosso verdadeiro eu, mas por nossa capacidade de despertar desejo no outro. Estava na cara que os poderes conferidos ao eu que Manny desejava seriam de curta duração. Só os pensamentos que estão na nossa mente ou as intuições do espírito são capazes de atrair permanentemente, e os que estavam na minha, Manny não amava. Não os odiava, mas tampouco amava. Não eram necessários para ele. Por fim, essa conexão dos sentidos significava que eu seria devolvida a mim mesma num grau intolerável, que acabaria me sentindo tão vulnerável que em pouco tempo me afogaria na insegurança.

Uma vez perguntei a Manny se ele estava surpreso com o que havia acontecido com a vida dele. Ele me disse: "Sempre me senti puxado de um lado para o outro por forças fora do meu controle. Fazia o que as pessoas esperavam de mim, depois ficava angustiado. Durante muitos anos, a única coisa que senti foi a sensação de angústia. Um dia me dei conta de que a angústia havia me formado. A partir daí, não houve mais surpresas".

No final de um confronto incendiário, me pendurei no pescoço de Manny. Fiquei um tempão ali pendurada, como um peso morto. Então os braços dele se fecharam em torno de mim. Ele alisou meu cabelo para trás com um gesto tão delicado de ternura que até hoje sou capaz de senti-lo. Ele sabia que estávamos ficando sem fundos. Faltava muito pouco para que ficássemos sem dinheiro nenhum para comprar tempo.

Leonard e eu, depois de comprar os ingredientes para um jantar que vamos preparar juntos, estamos em pé na fila do supermercado quando uma mulher idosa, magra e trêmula, já chegando ao caixa, se dá conta de que esqueceu alguma coisa. Seus olhos começam a girar nas órbitas — ó Deus, vai perder o lugar na fila! O estudante secundarista logo atrás dela apoia a mão no braço da idosa e pergunta o que foi que ela esqueceu. O leite, é a resposta. Leonard emite um som de inequívoca exasperação. O estudante sai correndo e volta com o leite. A idosa diz: "Ah, você é tão gentil, tão gentil, tão incrivelmente gentil!". O estudante diz: "Não, só moderadamente gentil". Sorrio para ele — um irmão de alma! —, mas Leonard lhe diz: "Pois essa é uma distinção bem interessante. Considerando as circunstâncias, seu gesto pode ser considerado incomum, mais do que comum. Em Nova York, sair dos próprios cuidados para ajudar alguém é interromper a inconveniência convencional; retardar, desviar, deter; parar a ação; exercer a reflexão". O estudante fica olhando para ele. "Em suma", explica Leonard, "correr risco de agressão."

As coisas que eu nunca sinto na cidade ele sente todos os dias da vida.

Os dois se conheceram em Florença em 1880. Ele estava com trinta e sete anos, ela com quarenta. Ela era Constance Fenimore Woolson, uma escritora popular americana de ensaios e contos — e ele? Ele era Henry James. Para grande surpresa dele, James logo constatou que ela era uma mulher de gosto e opiniões cujas divisões do eu espelhavam as suas. Ela apreciava a fama, mas se abrigava na obscuridade; temia a solidão, mas gostava de estar sozinha; desejava ser franca, mas acabava sendo evasiva. Uma vez, quando James estava considerando a possibilidade de adquirir um apartamento em Veneza, Constance lhe disse: "Não imagino você no Grande Canal", e ele respondeu: "Não. Num lugar escondido. Não importa muito onde, desde que seja difícil de encontrar, com muitos becos pelo caminho". Ele estava falando por ela, não apenas por si próprio. Desde muito jovem ela vinha construindo sua armadura de reserva defensiva; quando chegou à maioridade, a armadura já estava posicionada; quando morreu, ela a estava sufocando.

Os dois caminhavam e conversavam; tomavam chá e conversavam; iam a museus e conversavam. Falavam de livros, falavam de escrever, falavam de imaginação moral. Naturalmente, não era uma troca de ideias pessoal no sentido habitual do termo, mas a sinceridade intelectual que animava a conversa deles tinha como resultado um diálogo que tornava um e outro menos sozinho no mundo.

Sem sombra de dúvida, ela dava mais a ele do que ele a ela. Ela se tornou sua melhor leitora, a mais inteligente de seus interlocutores, aquela que, mais do que qualquer outro, entendia tudo o que não era exprimido nem dito na vida. O mesmo não poderia ser dito de James, que visivelmente se aproveitava de tudo o que permanecia não exprimido ou não dito entre os dois. Ele parece, quase intencionalmente, nunca ter apreendido a profundidade da angústia dela; ou, caso contrário, preferiu cobrir os olhos com a mão para não olhar diretamente para ela. Talvez fosse por saber que se permitisse que aquela informação penetrasse nele, seria forçado a se responsabilizar mais pela amizade. Acima de tudo, Henry James temia e detestava ser considerado responsável.

Na primavera de 1893, Constance — a essa altura profundamente imersa numa de suas graves depressões — ocupa um apartamento num *palazzo* diante do Grande Canal. Henry está encantado e promete ir a Veneza no inverno. Ela escreve imediatamente para dizer que está muito feliz com a perspectiva da visita dele. Assim que ele recebe essa carta, suas ansiedades começam a ganhar corpo. Na metade do verão, escreve a ela para dizer que está trabalhando num novo livro, que seus planos para o inverno não estão confirmados, que é mais do que provável que afinal de contas acabe não indo a Veneza. Ela não responde. O verão passa, depois o outono, e os dois praticamente não se comunicaram. Então chega uma carta de Constance informando como por acaso que o romance no qual vinha trabalhando foi concluído. Ele sabe que quando ela está entre dois projetos de livro começa depressa a afundar, mas de alguma forma a informação não é registrada. Ele deixa o barco correr.

Em janeiro de 1894, Constance Woolson pulou de uma das janelas de seu apartamento em Veneza, espargindo sua vida incrivelmente despojada num passeio lavado pelas águas da via marítima mais glamourosa do mundo. Depois da morte dela, o diplomata americano John Hay disse a seu respeito: "Ela não tinha tanta felicidade quanto um presidiário". James, em casa, na Inglaterra, sentiu horror, pânico, culpa: se sentiu ou não sentiu dor, é coisa que não se sabe. Em algum lugar no interior dele mesmo, deve ter pensado: Se eu tivesse ido a Veneza ela não teria pulado.

A verdade da questão é que nem Woolson nem James estava à altura da tarefa da amizade. Embora os dois prezassem o vínculo, muito mais atraente, de longe, era a infelicidade neurótica no interior da qual cada um deles estava aprisionado. Nenhum podia fazer pelo outro o que era incapaz de fazer por si mesmo.

Depois de ler sobre Woolson e James, à noite, virei uma groupie literária. Sonhei que Leonard e eu havíamos saído de nossos respectivos apartamentos para viver juntos e, agora, no sonho, ele telefonava para dizer que havia encontrado um apartamento para nós no Upper East Side, onde, na realidade da vigília, nenhum dos dois jamais moraria. Depressa, diz ele ao telefone, venha ver. Corro para Uptown, entro num edifício de aspecto chique, empurro a porta do apartamento e lá estou eu numa sala comprida e estreita que lembra um caixão. Na outra ponta da sala há uma janela com cortinas. Corro até lá, pensando: "A vista vai compensar tudo". Abro a cortina e dou de cara com uma parede de tijolos.

Entrei no ônibus da Linha 3 na Quinta Avenida com a rua 63 bem na hora em que está começando o rush do fim da tarde. O assento perto da porta diretamente oposta ao motorista estava vazio, e foi ali que me instalei. Na altura da rua 59, o ônibus começou a encher. As pessoas iam entrando e se comprimindo, e meus olhos registravam mão após mão largar e recuperar o MetroCard da caixa de coleta das passagens, depois mover-se para o lado diante de meu olhar fixo. Chegando à rua 53, alguém entrou sem fazer o gesto automático na direção da caixa de coleta. Olhei para cima e vi que era um velho que, em seguida, se abancou pesadamente no assento que ficava na diagonal do meu.

O ônibus avançou até a parada seguinte. Lá, o motorista se virou no assento e disse: "Cavalheiro, o senhor não pagou sua passagem". O velho não respondeu; fitava o chão, com as mãos apoiadas de leve no castão de uma bengala plantada entre seus joelhos.

O motorista repetiu o que havia dito.

O velho ergueu os olhos. "Paguei, sim", disse.

O motorista olhou para ele. "Não pagou, senhor", disse pacientemente. "O senhor não pagou sua passagem."

"Paguei, sim", repetiu o velho, e voltou a fitar o chão.

No semáforo seguinte, o motorista saiu de seu assento e se posicionou diante do velho. "Senhor", disse, "não posso prosseguir enquanto o senhor não pagar sua passagem."

O velho olhou para ele. "Paguei a passagem", repetiu em voz neutra. "Não posso fazer nada se você não me viu pagar. Não vou pagar duas vezes."

O velho e o motorista pregaram os olhos um no outro. Pouco a pouco, o olhar foi virando um clarão. O velho começou a parecer um buldogue, o motorista algum outro tipo de animal. O velho era branco, o motorista, negro; por um momento, achei…

"Cavalheiro", berrou o motorista, "este ônibus não vai a lugar nenhum enquanto o senhor não pagar sua passagem."

"Aimeudeus", arfou a mulher sentada a meu lado.

"Que diabo está acontecendo?", gritou um homem três assentos mais para trás.

"Eu paguei", repetiu o velho.

"Ele pagou, tudo bem", disse um homem sem erguer a voz.

O motorista desligou a ignição e começou a falar pelo telefone de seu painel. As pessoas sentadas no corredor se levantavam para ver, com interesse, agitadas.

Uma mulher de preto se inclinou na direção de um homem com óculos de aro de tartaruga e, batendo com um dos dedos na têmpora, sussurrou com ênfase: "Gagá".

"Ei", uma voz se ergueu ao fundo. "Vamos tocar o barco, preciso chegar a Downtown."

Duas pessoas começaram a discutir os aspectos legais e sociais do caso. "Não existe a menor possibilidade de esse motorista continuar a viagem, o homem não pagou a passagem", disse uma delas. "Mas e se o velho estiver sem dinheiro?", disse a outra. "Meu bem, se você está sem dinheiro não entra num ônibus", foi a resposta imediata. "É a lei, cara, a lei."

O motorista foi para o meio do corredor e anunciou em voz alta: "Todo mundo desce. Desculpe, pessoal, mas este ônibus vai ficar aqui. Todos vão receber vales-transferência".

Silêncio embasbacado. Ninguém conseguia acreditar que aquilo estava acontecendo. Depois, todo mundo começou a gritar ao mesmo tempo: "Que droga, preciso chegar, você não pode fazer isso com a gente".

No fundo do ônibus, um uivo ferido brotou de um rapaz que até aquele momento olhava pela janela, sonhando. Em seguida, ele se levantou, o corpo esguio uma glória de couro preto com tachas prateadas. Avançou com altivez até a parte da frente do ônibus, plantou-se na frente do velho silencioso e cuspiu: "Pra que tanta *onda*? Só por causa da merda de um dólar e vinte e cinco centavos... Cara, só por isso você faz a gente entrar nessa fria?".

O motorista, um homem alto, de bela constituição, ficou ali em pé sem sair do lugar enquanto os passageiros se aproximavam da porta enfileirados, mas em seu rosto tive a impressão de ver os insultos acumulados que a vida cotidiana lhe reservava. Em trinta segundos havíamos todos saído do ônibus para nos aglomerarmos na calçada. O interessante foi que ninguém se afastou e ninguém especulou por que razão nenhum de nós havia pensado em simplesmente pagar a passagem do velho.

"Ah, esta cidade horrorosa", cantarolou o homem ao meu lado, baixinho. "Maldita cidade horrorosa."

Olhei para o ônibus. O velho continuava sentado em seu lugar, mãos apoiadas na bengala, olhos no chão. De repente, quando a confusão na rua começou a aumentar, ele se levantou, desceu do ônibus como um personagem de sonho, se afastou na tarde cheia de gente. Puxei o motorista pela manga. "Ele foi embora", falei.

O olhar do motorista acompanhou o meu, e sem um segundo de hesitação, anunciou: "O.k., todo mundo volta para o ônibus".

Em silêncio, todos voltaram em fila para o interior do ônibus. Cada passageiro foi se sentar no mesmo lugar onde estava antes. O motorista se instalou em seu assento, fechou as portas e se encaixou com competência no tráfego da Quinta Avenida. Olhei o relógio. Uma hora havia transcorrido desde o momento em que o motorista dissera pela primeira vez: "Cavalheiro, o senhor não pagou sua passagem". Olhei em volta para meus companheiros de viagem e vi que todos haviam reorganizado rapidamente o rosto por trás da máscara compulsória de neutralidade. Era como se, para eles, nada tivesse acontecido. Mas mesmo naquele momento eu sabia que não era bem assim.

No começo da década de 1950, um jornalista de Nova York chamado Seymour Krim cultivava o desejo de ser um criador de literatura dissidente e ao mesmo tempo queria ter o prazer de virar celebridade nacional — e nos dois casos se sentia um fracassado. Desse sentimento de fracasso, Krim extraiu uma voz e um personagem que falavam àquela época. Sua persona, um maníaco-depressivo alternadamente ambicioso, neurótico e autodepreciativo, derramava rios de tinta produzindo um relato ininterrupto de seus colapsos, suas fomes, sua inveja chocante daqueles que haviam obtido o sucesso que ao mesmo tempo desprezava e desejava ter. Essa voz era, também, urbana até o âmago. Nenhum outro lugar do mundo a não ser Nova York poderia ter produzido um Seymour Krim.

Recorrendo provocadoramente a uma estrutura louca de frase, inventiva, um tanto na base do fluxo de consciência, Krim desenvolveu uma prosa de estilo hipster que lhe permitiu, em espírito, unir-se a uma geração de rebeldes emergentes para os quais pensamento, sentimento e ação estavam a ponto de virar a mesma coisa. Para Krim, obter essa unidade significaria estabelecer suficiente controle sobre seu caos interno para conseguir escrever a grande obra que *sabia* que tinha condições de escrever.

"Fantasia": ele poderia usar essa alcunha. Passava o tempo inteiro fantasiando um futuro no qual tudo se aglutinaria magicamente; em seguida — disso ele tinha certeza —, sua própria promessa de grandeza floresceria numa realização de grande porte. A fantasia saturou praticamente todas as coisas que chegou a escrever. Uma fanfarronada nervosa sob a superfície da prosa fazia seu narrador soar como se visse a si próprio protagonista de um musical da Broadway, bradando para o público: "Esperem, que vocês vão ver! Vou sair disto maior, melhor, mais importante do que TODOS VOCÊS JUNTOS".

Mas a consolidação de pensamento e ação permaneceu fora do alcance de Krim. A única coisa que ele conseguia fazer era documentar a deficiência que o dilacerava todo santo dia em que despertava no apartamento sem água quente do Lower East Side onde viveu até a morte. No ápice de seu desempenho, o talento de Krim era falar em nome de todos aqueles que como ele eram incapazes de transformar fantasia em realidade. Por meio do expediente singelo de utilizar seu eu desafiadoramente sonhador como instrumento de iluminação, Krim procurou criar uma metáfora da incapacidade americana de chegar à idade adulta e começar a trabalhar.

Vezes sem fim, a ansiedade de Krim afogava a metáfora, e quando isso acontecia, a escrita ficava reduzida a uma algaravia descabelada, cansativa e patética. Em 1973, porém, ele escreveu "Para meus irmãos e irmãs no negócio do fracasso", um ensaio notável no qual ele finalmente até *conseguia* dar forma à questão que havia passado anos burilando como sua. Ali, conseguiu captar com brilhantismo a obsessão americana com o fracasso propriamente dito — seu sabor, o medo de passar por ele, a eterna assombração que ele representava — e, ao conseguir, sua mensagem foi transmitida na linguagem que fazia um uso prodigioso do vernáculo nova-iorquino:

"Aos 51", ele escreveu,

> acredite ou não, ou acredite e tenha piedade de mim se for jovem e rápido, até hoje não sei pra valer "o que quero ser". [...] Nessa pródiga *delicatessen* do andar de cima que é a minha, estou tão aberto a todas as doidas possibilidades quanto estava aos treze...
>
> Milhares e milhares de pessoas que acredito que sejam como eu são aquelas que nunca encontraram a pele profissional que se adapta ao tumulto de suas almas. Muitos nunca encontrarão... Não é pressuposição, apenas uma voz de cicatrizes e estrelas falando. Vivi isso e provavelmente continuarei vivendo enquanto não me privarem do meu cachorro-quente.
>
> Mas se você é um "fracasso" orgulhoso e indagador nesta sociedade, e se pudermos encontrar um consolo irônico no fato de haver centenas de milhares de nós, então é esperto e honroso saber o que você tentou e por que está agora vulnerável aos golpes daqueles que um dia o viram envolto no esplendor de sua visão e agora veem apenas uma cama por fazer e umas poucas xícaras sujas sobre a mesa de madeira nua de um dia cinzento.

A delícia desse texto está na velocidade rica, segura, de uma linguagem peculiar que mimetiza a preocupação nacional com a juventude e também com o fracasso:

A pródiga delicatessen *do andar de cima que é a minha*
O tumulto de suas almas
Voz de cicatrizes e estrelas
Aqueles que veem apenas uma cama por fazer e umas poucas xícaras sujas sobre a mesa de madeira nua de um dia cinzento

Linguagem peculiar sempre dá a impressão de juventude — seja qual for o idioma, faz a adrenalina disparar —, mas não tanto quanto em sua versão aguçada, cheia da sabedoria das ruas, que ouvimos nas calçadas de Nova York, onde autores de prosa americana de meia-idade podem proclamar em vozes para sempre jovens: "Já não sou jovem!".

Leonard viajou, foi passar um fim de semana fora sem me dizer que estava saindo da cidade, e deixou a secretária eletrônica desligada.

"O que aconteceu?", perguntei quando ele voltou.

"Ah", disse ele todo contrito, "deixei a secretária desligada." Mas a risada que se seguiu foi surda. "Acho que eu não queria saber que ninguém tinha telefonado para mim."

"Mas tinha alguém telefonando para você. Eu."

"É", ele disse, com voz agourentamente vaga. "*Tinha* você, não é mesmo?"

Durante oito anos, lecionei um semestre por ano no Arizona. Era comum que ao voltar para a cidade acontecessem encontros como este:

Por exemplo, dava com Eli, um escritor meu conhecido. Em repouso, seu rosto é apreensivo, mas quando pergunto como ele vai, o rosto se ilumina e ele me diz que acaba de assinar um contrato de livro. Felicito-o, peço notícias da família, depois de Paul, outro escritor que conhecemos. Eli suspira. Seu rosto fica de novo apreensivo. "Ele tem necessidade de me deixar para trás o tempo todo", diz. "Se alguém me convidou para ir a L.A., ele foi convidado para ir ao Havaí. Se um livro meu está para sair, estão saindo dois dele. Se ganho uma bolsa qualquer, ele ganhou um Rockefeller."

Horas depois dou com Gloria, uma velha conhecida obcecada com a ruína financeira e uma família miseravelmente indiferente.

"Como eles vão?", pergunto.

"Meu pai?", responde ela. "Meu pai me diz: 'Arrume uma hipoteca reversa'. Sobrinhas e sobrinhos? Nunca vejo. Cunhada? Adoraria me ver na pior. E meu irmão? Um bundão!"

Myra, que muitas vezes me disse que me considera uma de suas melhores amigas, invariavelmente olha para mim com expressão intrigada, como se não conseguisse me localizar direito, e pergunta: "Onde você andava? Em algum lugar do Oklahoma?".

E depois tem Sylvia, entusiasta da cultura terapêutica. Por dois anos seguidos ela sorri para mim e declara: "Amadureci tanto que já não peço a meus amigos que me deem o que não podem dar. Agora aceito a amizade nos termos que ela é oferecida". No terceiro ano, o sorriso morre em seu rosto. "Odeio a amizade!", diz, em tom sibilante. "Faz a vida parecer pequena. Pequena e parcial."

Meus amigos, também, precisam sacudir o caleidoscópio da experiência diária para obter uma composição que ajude a mediar a dor da intimidade, a vibração do espaço público e a saborosa intervenção de estranhos.

Viro a esquina que dá para a Sétima Avenida e um *crossdresser* muito corpulento está parado diretamente à minha frente, olhos bem fechados, mãos unidas como em oração, exclamando no ar: "Tenho tantos inimigos!". Quando seus olhos se abrem, encontram os meus. "Por quê?", pergunto sem dizer nada. Ele me dirige um sorriso luminoso e anuncia alegremente: "Não *sei*".

Há dez ou quinze anos, uma mulher minha conhecida (vou chamá-la de Jane Brown) teve um caso com um homem que era herdeiro de uma famosa fortuna americana (vou chamá-lo de Roger Newman). Na época em que eles se conheceram, os dois eram advogados fazendo atendimento social numa área miserável do Brooklyn. Para Jane, o trabalho era o ápice natural de uma infância quaker, educação de boa qualidade e sentimento devoto de idealismo político. Para Roger, o trabalho era executado para afrontar o privilégio imerecido, um casamento mais correto que erótico, e um futuro na empresa da família que excluía a perspectiva de um emprego significativo.

Trabalhando lado a lado, os dois tinham se apaixonado e Roger abandonara a esposa para ir morar com Jane. Logo depois, os amigos comentaram que eles estavam vivendo juntos em abençoada harmonia, e alguns ficaram surpresos quando Roger começou a trabalhar mais horas por dia do que trabalhava antes, sendo que a objeção que ele fazia às leis que ignoravam seus clientes desfavorecidos se tornara ainda mais inflamada. Jane estava orgulhosa do sentido reforçado de compromisso de Roger, mas mesmo ela lhe pedia que pegasse mais leve. Roger, porém, disse a Jane que nunca na vida se sentira tão leve quanto agora. Mergulhar em trabalho duro, significativo, disse, era uma alegria; e o fato de ter ao lado uma mulher que partilhava sua crença no trabalho era um prazer adicional que nunca sonhara desfrutar. Os dois ficaram dois anos juntos. E então, uma tarde, sem aviso ou explicação, Roger anunciou que estava abandonando Jane e a prática da advocacia para voltar para a mulher e a empresa da família. Em questão de dias, havia sumido.

Na faculdade, meus amigos e eu havíamos inventado o jogo Edith Wharton-Henry James no qual se contava uma história — invariavelmente o cenário era nova-iorquino burguês e o dilema, moral, uma questão de coragem emocional. A pergunta formulada era: Quem teria escrito essa história, Wharton ou James? Na época, a retirada de Roger Newman para sua vida antes repudiada me trouxe o jogo de volta à mente; eu sempre tinha sentido curiosidade quanto às consequências de seu ato. Assim, há duas semanas, quando um advogado conhecido meu telefonou para comentar que havia sido convidado para jantar na casa dos Newman e perguntou se eu gostaria de ir com ele, naturalmente disse que sim. Às sete horas da noite do sábado seguinte, o advogado e eu descemos do táxi na frente de um edifício da Park Avenue, esquina da rua 66, onde, depois de atravessar o lobby de mármore e ônix do tamanho de uma pequena catedral, entramos no elevador com painéis de carvalho equipado com banquetas de veludo vermelho. Ao descer do elevador no décimo nono andar, estávamos no apartamento dos Newman. Nosso anfitrião era como eu me lembrava dele — estatura média, magro feito um caniço, cabelo castanho-claro e olhos azuis num rosto inconspicuamente bonito —, só agora eu me dava conta de como suas roupas lhe assentavam bem e a graça com que ele as vestia.

A sala era imensa. Tapetes persas, mobília inglesa antiga, abajures com cúpulas de seda. Sete homens e mulheres estavam acomodados nos móveis. As mulheres tinham cabelo loiro e longas pernas, os homens eram extremamente parecidos com o próprio Newman. Uma das mulheres era Cissy, a mulher de Roger. Ela apertou minha mão e disse que estava feliz por me conhecer, que fazia anos que lia minhas coisas. Agradeci o convite e todos nos sentamos segurando drinques. Uma hora depois, o grupo inteiro se levantou e andou até a sala de jantar, onde a refeição estava sendo servida. As travessas eram de porcelana com borda dourada, os cálices de fino cristal, os talheres de prata maciça. A comida estava deliciosa, mas pouca. O vinho, porém, era farto.

Como o tom, a sintaxe e o vocabulário daquele grupo me eram estranhos, no início não percebi a banalidade da conversa. As pessoas introduziam assuntos para aludir, não para discutir. Seriam três minutos a respeito das manchetes, sete sobre viagens pela Europa, dois sobre a exposição do momento no MoMA. Questões imobiliárias tomaram uns bons dez ou quinze minutos, tal como o custo da educação das crianças, planos de férias, o escândalo do momento em Wall Street. Opiniões enfáticas eram visivelmente indesejadas, tal como discussões prolongadas.

O próprio Roger — anfitrião elegante que puxava cadeiras, passava travessas, refrescava drinques com cortesia discreta — desempenhava um papel interessante. Ele nunca puxava um assunto; por outro lado, jamais manifestava um pensamento tolo ou desprovido de sensibilidade. Quando surgia o risco de desentendimento sério entre os convivas, fazia o tipo de comentário judicioso que num instante deixa os antagonistas à vontade e elimina o risco potencial de ruptura à mesa do jantar. Seu tom de voz se manteve o tempo todo uniformemente leve, conciliador, civilizado.

Cissy Newman era uma mulher bonita que beliscava contrariada a comida e usava uma camada fina de ansiedade sobre a maquiagem. Em certo momento, do nada, ela se virou para mim e disse: "Mas, afinal de contas, você não acha que uma criança tem necessidade de mãe?". Olhei para ela sem entender. "Se eu acho que uma criança tem necessidade de mãe?", repeti como uma idiota. Foi então que Roger soltou uma risada despreocupada e me surpreendeu, dizendo numa voz ao mesmo tempo delicada e gentil: "Cissy, Cissy, não é disso que ela trata", e em seguida, com notável equanimidade, fez um apanhado fantasticamente fundamentado sobre a posição feminista com a qual me identificava. Cissy e eu ficamos ali sentadas, fazendo que sim com a cabeça como um par de estudantes agradecidas que um professor habilidoso libertou da própria incompetência mental.

Naquele momento, lembro-me de ter pensado: O que ele está fazendo aqui? Por que voltou deliberadamente para essa vida? E comecei a observá-lo.

Depois do jantar, fui me sentar numa das pontas de um sofá forrado com brocado, enquanto Roger veio se instalar perto de mim numa poltrona forrada de veludo. Em torno de nós rolava um bate-papo sobre assuntos variados que foram se sucedendo, e nós dois, cada um de seu lado, participávamos de vez em quando; por diversas vezes, porém, vi o olhar de Roger subir para acima dos rostos do grupo para descansar no ambiente circundante. Quando ele fazia isso, não só manifestava um prazer inequívoco como sua satisfação parecia profunda. Claramente, a graça com que vestia suas roupas se estendia à graça com que habitava aquela sala. Enquanto olhava ao redor, ele acariciava distraidamente o braço de veludo de sua poltrona, tão absorto que a carícia de sua mão parecia a de um amante no braço do ser amado. Ao mesmo tempo, periodicamente inclinava o corpo na poltrona para pegar, na mesinha de centro, um ovo de mármore pousado sobre um suporte de ouro cinzelado, rolando o ovo suavemente e, ainda, amorosamente na palma da mão, para depois devolvê-lo com cuidado a seu lugar no suporte. Quando falava, segurava a taça de vinho de um jeito que parecia mais atento à sensação da haste de cristal entre os dedos do que às palavras que saíam de sua boca. Era como se as pessoas na sala fossem figurantes de primeiro plano num quadro histórico, e nosso anfitrião, claramente, o herdeiro do quadro.

Me flagrei pensando: Isso está me lembrando quem, ou o quê? Um minuto mais e me dei conta. Eu estava observando Ashley Wilkes, um homem de sensibilidade desenvolvida e inclinação liberal neutralizado por seu comprometimento com um modo de vida, mais do que com um espírito em contato consigo mesmo.

Por um momento, Roger Newman — fosse trabalhando no gueto, fosse apaixonado por Jane Brown — sentira a necessidade avassaladora de experimentar a paixão de perto. Sua inteligência considerável lhe falara que também seria um ganho saber o que estava sendo dito e feito naquelas ruas lá embaixo; mas sempre ficara subentendido que toda incursão naqueles domínios teria a natureza de uma investigação temporária.

Enquanto o advogado e eu descíamos a Park Avenue à meia-noite, eu disse para mim mesma: Henry James teria escrito essa história e não Edith Wharton. Wharton achava que ninguém podia *ter* liberdade, mas James sabia que ninguém *quer* liberdade.

Quando a influência do modernismo europeu cruzou o Atlântico, na virada do século XX, seu primeiro ponto de chegada foi o Greenwich Village. Para ali convergira uma geração de artistas, intelectuais, jornalistas e teóricos sociais com o objetivo de fazer uma revolução na consciência. Entre eles estavam mulheres e homens cujos nomes estão hoje inscritos nos livros de história: Edna St. Vincent Millay, Alfred Stieglitz, Margaret Sanger, Eugene O'Neill, Emma Goldman, Walter Lippmann — uma coleção improvável de companheiros de cama culturais reunidos pelo espírito que inspirava o movimento. Era o império da *Experiência* e todos a desejavam: aventura sexual sem freios, conversas alarmantemente ousadas, excentricidade extremada no vestir; declarar-se livre para não casar ou ganhar a vida, ter filhos ou votar. Ficaram sendo essas as extravagantes convenções do radicalismo de Downtown — e ninguém aderiu a elas mais estritamente do que Evelyn Scott, uma escritora da década de 1920 cujo nome um dia todo modernista do Village conhecia. Trinta anos depois, Scott estava vivendo com o marido, um escritor inglês alcoólatra, numa pensão do Upper West Side de Manhattan; os dois velhos, doentes, semiloucos e quase totalmente desamparados.

Em 1963 Evelyn morreu, e o marido inglês, graças à interferência de velhos amigos, foi repatriado de volta para Londres, onde morreu alguns anos depois, em coma alcoólico, numa pensão praticamente idêntica àquela onde Evelyn morrera, em Nova York. Seus bens consistiam numa coleção de sacolas de compras, maletas, um ou dois baús. Foi tudo retirado e transferido para uma loja de livros e antiguidades no distrito de Camden, em Londres, onde tudo aquilo juntou poeira por mais de uma década. Em seguida, as coisas foram despachadas para uma loja de quinquilharias em Yorkshire. Ali, num dia do final da década de 1970, um livreiro amador, homem de gosto literário, abriu um dos baús e deu com uma coleção de cartas, diários e romances (tanto publicados como na forma de manuscrito) de Evelyn Scott. Começou a ler. No começo intrigado, em pouco tempo ficou fascinado. Quem era aquela mulher? Como chegara a escrever aqueles livros? Por que nunca tinha ouvido falar nela?

O livreiro (cujo nome era D. A. Callard) passou os cinco anos seguintes — dos dois lados do Atlântico — tentando responder a essas questões. O fruto de seu trabalho foi uma biografia publicada em 1985 com o título de *Pretty Good for a Woman* [Para uma mulher, até que é bom] (piada de William Faulkner sobre a obra de Scott). Quando o livro saiu nos Estados Unidos, um amigo passou aqui em casa, jogou-o na mesinha de centro e disse: "Aqui está sua xícara de chá". E era verdade.

Ela nasceu em 1893, no Tennessee, com o nome de Elsie Dunn. Desde a mais tenra infância foi considerada rebelde, literária, sexual. Em 1913, aos treze anos, fugiu para o Brasil com um decano universitário casado de quarenta e quatro anos. Lá, o estranho casal adotou os nomes de Evelyn e Cyril Scott. Os dois viveram anos juntos, circularam pelo mundo, tiveram um filho, partilharam todas as concepções extravagantes que apareceram. Evelyn saiu dessa relação decidida a levar uma vida afrontosa.

No Brasil, começou a enviar contos e poemas para pequenas publicações nos Estados Unidos. Tinha um talento para as ideias e a sintaxe do imagismo; seu trabalho foi aceito; seu nome começou a ficar conhecido. À época em que chegou ao Greenwich Village, em 1919, estava conectada. Trinta segundos depois, já conhecia todos os escritores e pintores do bairro, e todos eles a conheciam.

No Village, até o ar estava impregnado de anarquismo, freudianismo, radicalismo sexual. Evelyn se filiou a todos: violentamente. Começou a escrever para a *Dial*, para a *Egoist*, para a *Little Review*. Apoiou Joyce e Lawrence, publicou seus próprios poemas, depois romances e crítica, com bastante regularidade ao longo dos quinze anos seguintes. Ao todo, escreveu uma dúzia de romances, dois volumes de poesia, dois livros de memórias e uma peça. Sua escrita era alternadamente brilhante e ilegível — às vezes composta no estilo do fluxo de consciência, às vezes no do expressionismo alemão, às vezes no do modernismo de Dos Passos. Fosse qual fosse o estilo, era uma escrita excessiva. A palavra *megalomania* aparece em mais de uma resenha de romance de Scott. E também poderia ser aplicada a sua personalidade, marcada como era por fantasias quanto à própria pureza idealista e suas exigências de que os outros fossem tão despojadamente sinceros na vida e na arte quanto ela própria. Em suas memórias, Cyril Scott disse a respeito dela: "A única marca de 'bondade' [que ela reconhecia] era a absoluta ausência de reticência. Era o que ela chamava de 'franqueza'... e rompia com todo aquele que se opusesse a ela".

Arrumava amantes com facilidade, e com frequência; entre eles o crítico Waldo Frank, o poeta William Carlos Williams e o pintor Owen Merton, pai de Thomas Merton. Williams a conheceu quando ela estava com vinte e sete anos. Achou que ela era detentora de um talento que amadureceria. Muito depressa, mudou de ideia. Achava-a uma mulher extraordinariamente determinada que exigia rendição, tanto em seus relacionamentos como em sua prosa. A determinação, como depois se viu, anunciava uma tendência à obsessão que acabaria se transformando em paranoia declarada.

Ao mesmo tempo, ela era estimulante e memorável. Um grupo insigne de pessoas — entre elas Emma Goldman, Kay Boyle, Caroline Gordon — se manteve ligado a ela, todos impressionados com seu brilho e sua loucura, com aquela ânsia motriz que encontrava desafogo na vida boêmia, mas que não havia como disciplinar para que o trabalho melhorasse.

Quando a década de 1920 foi chegando ao fim, toda uma geração de artistas se viu de repente diante do fato de que seu trabalho já não encontrava acolhimento. Da noite para o dia, o modernismo lírico dera lugar ao realismo socialista, e os escritos de Evelyn Scott (bem como os escritos de muitos outros) tinham virado coisa do passado. Sem condições de ver sua obra publicada, ela ficou gravemente desorientada. Desenvolveu um sentimento agudo de perseguição e, convencida de que os comunistas estavam conspirando contra ela, começou a escrever ininterruptamente sobre a ameaça vermelha: em textos impressos, na correspondência privada e, por fim, em cartas para o FBI.

Os anos foram passando e logo ela e o marido estavam vivendo miseravelmente no tal quarto de pensão do Upper West

Side. Em algum momento no fim da década de 1950, a poeta e crítica Louise Bogan encontrou Evelyn na Broadway e mais tarde relatou o encontro numa carta à amiga May Sarton:

> No começo desta semana tive um encontro triste e um tanto assustador com a coitada da velha Evelyn Scott... gasta e desleixada e mais do que um pouco louca... Não só ela está no estado físico que eu [eu mesma] um dia temi, como, para completar, vive na região deteriorada das ruas 70 West, aquela região que acomoda os estranhos, os velhos e os fracassados em quartos de hotel ou alugados, e adiciona desalento ao seu declínio. Estava tudo ali! Ela me levou até uma pequena casa de chá encardida, fez questão de pagar pelo nosso chá, e extraía de tanto em tanto, das dobras da roupa, manuscritos que jamais serão impressos. Eu nunca *consegui* lê-la, nem quando ela estava no auge, e agora sua poesia é um perfeito horror. Para completar tudo isso, ela está num estado ativo de paranoia — coisas e pessoas são suas inimigas; conspiraram contra ela no Canadá, em Hampstead, em Nova York e na Califórnia; seus manuscritos foram roubados uma e outra vez etc. etc. Como você sabe, realmente tenho medo de pessoas loucas; sinto uma certa atração por elas porque o talento é uma espécie de outro lado da moeda. O resultado é que preciso me afastar da E. S. Eu disse a ela que enviasse o manuscrito para a Grove Press, e isso é tudo que posso fazer.

As duas mulheres se separaram na Broadway, uma foi para o norte, a outra para o sul. Não haviam dado mais do que alguns passos quando Evelyn olhou para trás e exclamou: "Mas preciso saber o nome do editor! Não posso correr o risco de que meus poemas caiam nas mãos de alguma secretária!".

Pense: eu poderia ter estado logo depois da esquina, na West End Avenue; uma universitária sonhando com uma vida de escritora no exato instante em que Evelyn Scott exclamava: "Preciso saber o nome do editor!".

Num café de estudantes perto da NYU, duas jovens conversam.

"Sabe o quê?", pergunta uma delas. "Assisti *Romeu e Julieta* na Broadway na semana passada."

"Ah, é?", responde a outra. "É um troço moderno?"

A testa da frequentadora de teatro se franze e em seguida ela responde: "A montagem é moderna, a linguagem é antiga. Mas funciona".

Numa mesa do outro lado do corredor, dois jovens estão sentados lendo.

"Sabe o quê?", pergunta um deles.

O outro afasta os olhos de seu livro.

"A mãe do Flaubert escreveu uma carta a ele na qual dizia: 'Sua mania com as frases secou seu coração'."

A testa do interlocutor se franze igualmente, e ele responde: "Ou seja?".

Por muitos anos andei perto de dez quilômetros por dia. Eu andava para clarear a cabeça, para experimentar a vida das ruas, para dar fim à depressão das tardes. Durante aquelas caminhadas, devaneava incessantemente. Às vezes fantasiava o passado — idealizando momentos rememorados de amor ou celebração —, mas em geral fantasiava o futuro: o amanhã no qual escreveria um livro de valor duradouro, encontraria o companheiro da minha vida, me tornaria a mulher de personalidade que ainda precisava vir a ser. Ah, aquele amanhã! Que esplendidamente suas projeções energéticas me fizeram atravessar inúmeros dias de passividade perdulária. À maneira de Seymour Krim, eu nunca me cansava de imaginar novos cenários para minha vida de devaneios enquanto percorria as ruas e bulevares cobertos por muitos anos de caminhada incessante. E então, justo quando eu ia completar sessenta anos, uma ocorrência fora do comum mandou esse arranjo aconchegante para o espaço.

Naquela primavera eu estava lecionando no Arizona e andando todos os dias por uma estrada no limite da cidade, extraindo um prazer renovado da beleza física que me rodeava (as montanhas, o deserto, a claridade do dia), mas, como sempre, assistindo a um filme na cabeça. Uma tarde em abril, bem no meio do filme, uma espécie de estática visual — uma coisa parecida com a estática numa tela de televisão — atravessou meu campo interno de visão: a "história" começou literalmente a se fraturar diante de meus olhos e em seguida implodiu. Ao mesmo tempo comecei a sentir um gosto acre na boca e, lá no fundo, senti que estava me encolhendo para me esquivar de — eu não sabia do quê.

O incidente inteiro foi tão estranho, tão intrigante, que, em lugar de me alarmar, ele me desconcertou, e pensei comigo mesma: ocorrência aberrante, espero que não se repita. Mas no dia seguinte aconteceu exatamente a mesma coisa. Lá estava eu, andando pela estrada de superfície preta, outro filme rodando na cabeça, quando aconteceu de novo: a história entrou em curto-circuito, o gosto acre encheu minha boca e, uma vez mais, me senti empalidecer diante de alguma ansiedade sem nome. Quando, no terceiro dia, o processo inteiro se repetiu, ficou claro que estava em curso uma mudança de ventos.

Em pouco tempo, fiquei suficientemente amedrontada — havia começado a recear aquele gosto ruim na boca — para querer eliminar o devaneio; e vejam só, verificou-se que eu era capaz de fazer isso. Agora, era só as imagens começarem a se formar na minha cabeça que eu dava um jeito de apagá-las antes que conseguissem se instalar. Foi então que a coisa realmente estranha e interessante aconteceu. Um vasto vazio começou a se formar por trás dos meus olhos enquanto eu desempenhava minhas tarefas diárias. Aparentemente, o devaneio havia ocupado mais espaço do que eu imaginava. Era como se a maior parcela de meu tempo desperta tivesse estado rotineiramente ocupada pelo hábito de fantasiar, com apenas uma pequena porção de minha consciência concentrada no aqui e agora. Disso eu estava convencida, por causa do número de vezes por dia que o gosto amargo ameaçava se instalar na minha boca.

Foi um insight demolidor. Comecei a me dar conta do que o devaneio havia feito por mim — e comigo.

Desde minhas memórias mais antigas, eu temia ser julgada insatisfatória. Se fizesse o trabalho que tinha vontade de fazer, com certeza ele não ia ficar bom; se fosse atrás das pessoas que tinha vontade de conhecer, com certeza seria rejeitada; se tratasse de ficar tão atraente quanto possível, continuaria com um aspecto comum. Em torno dessas lesões do ego, uma psique encolhida havia tomado forma: eu me dedicava a meu trabalho, mas sempre de má vontade; fazia um movimento de aproximação buscando as pessoas de quem gostava, mas nunca dois; usava maquiagem, mas me vestia mal. Fazer bem uma dessas coisas ou todas elas teria sido me comprometer despreocupadamente com a vida — seria amá-la mais do que amava meus medos —, e isso era uma coisa que eu não podia fazer. O que podia fazer, aparentemente, era devanear enquanto os anos se sucediam: continuar desejando que "as coisas" fossem diferentes para poder ser diferente.

Completar sessenta anos foi como ficar sabendo que me restavam seis meses de vida. Da noite para o dia, buscar o refúgio de um amanhã fantasiado virou coisa do passado. Agora havia apenas a imensidão do presente vazio. Foi então que tomei a decisão de levar a sério a tarefa de preenchê-lo. Mas, claro, é mais fácil dizer do que fazer. Não foi difícil interromper o hábito de devanear, mas como fazer, exatamente, para ocupar o presente depois de tantos anos sem pensar nisso? Dias se passaram, depois semanas, depois meses nos quais eu tinha pavor de acordar no interior da minha própria cabeça perturbada. Naqueles dias eu pensava frequentemente na expressão de Virginia Woolf, *momentos de ser* — porque não estava tendo nenhum.

E então — aparentemente de um dia para o outro — me dei conta, depois de um de meus encontros na rua, de que o vazio de dentro estava trepidando e se movendo. Uma semana mais tarde, outro encontro me deixou com a sensação de estar curiosamente revivescida. Mas foi o terceiro encontro que resolveu o assunto. Havia ocorrido um diálogo hilário entre mim e um entregador de pizza, e frases trocadas começaram a se repetir na minha cabeça enquanto eu avançava, fazendo-me rir uma e outra vez, e com uma satisfação ainda maior a cada vez. Uma energia — espessa e opulenta — começou a se acumular dentro da cavidade do meu peito. O tempo começou a andar mais depressa, o ar cintilou, as cores do dia ganharam vida; havia um gosto limpo na minha boca. Uma ternura surpreendente comprimiu meu coração com tal vigor, que a sensação era bem parecida com a de alegria; e com nitidez inesperada me dei conta não do significado, mas do espanto da existência humana. Era ali, na rua, percebi, que eu estava preenchendo minha pele, ocupando o presente.

"Não gosto da energia do macho. Muito dura, muito explícita, muito direta. Ela não é verdadeiramente interessante. Os gestos, os movimentos, o repertório todo. Muito limitado. Não é como com as mulheres. Nenhuma nuance, nenhuma modulação. Não é *atraente*. E, além disso, às vezes é sufocante."

Já ouvi muitas mulheres pronunciarem essas palavras, ou outras muito parecidas. Dessa vez, porém, quem as pronunciava era Leonard.

Libertar-se das feridas da infância é uma tarefa nunca completada, nem mesmo às portas da morte. Uma amiga, que estava morrendo de câncer, continuava presa a uma disputa de poder com um marido que não lhe proporcionara um casamento capaz de compensar o que ela havia sofrido nas mãos da própria família brutal. Embora aquele marido tivesse sido sistematicamente fiel — e um soldado ao longo da prolongada e terrível doença dela —, minha amiga nunca confiara nele, assim como não havia confiado no mulherengo do pai. Um dia, poucas semanas antes de ela morrer, o marido me pediu para ficar com ela enquanto ele fazia uma visita a alguns amigos no interior, com os quais passaria a noite. Na manhã seguinte, assim que ocupei o lugar dele ao lado da cama dela, minha amiga segurou meu braço e me disse, com voz rouca: "Acho que o Mike tem outra mulher". Olhei para ela sem saber o que dizer. "Não vou tolerar!", ela exclamou. "Quero o divórcio."

São cinco horas de uma tarde de sábado no verão, e minha mãe e eu estamos andando pela avenida que passa ao longo do conjunto habitacional de Manhattan onde ela vive. O sol resplandece sobre as coisas de sempre: sirenes guinchando, buzinas apitando, furadeiras perfurando, enquanto três hispânicos discutem, duas mulheres gays se beijam, um dependente de drogas escorrega apoiado na vitrine de uma loja. Nenhuma de nós duas presta muita atenção, especialmente minha mãe, que está me contando uma história que lhe dá motivos de queixa. Em certo sentido, o bairro fez de minha mãe uma nova-iorquina; em outro, ela continuou sendo a mulher teimosamente ofendida pela vida que tem sido ao longo de praticamente todos os anos em que a conheço.

Damos com Mara, vizinha que em geral é vista andando com o marido. Agora aqui está ela desacompanhada, a caminho de um filme às seis da tarde. Paramos e conversamos por um minuto ou dois, depois seguimos nossos caminhos separados.

"Noite de sábado...", diz minha mãe. "E ela andando por aí sozinha?" A voz poreja insinuações.

"São cinco da tarde", respondo.

"Quando ela sair do cinema já vai estar noite", diz ela.

Dou de ombros.

"Vai ver que o marido está fora da cidade", digo.

"Por quê? Por acaso ele é representante de vendas?", diz ela.

Alguns quarteirões adiante, encontramos a senhora Grossman, outra vizinha do conjunto. A mulher está bem-vestida, cuidadosamente maquiada, oitenta anos no mínimo.

"Me conte uma coisa", diz ela à minha mãe. "É verdade que Lionel Levine morreu?"

"É", responde minha mãe. "Ele morreu."

"Morreu sozinho?"

"Sim, morreu sozinho."

"Me conte uma coisa", diz a senhora G, agora com voz cúmplice. "Ele era um *bom* homem?"

"Não", responde minha mãe categoricamente. "Não era um bom homem."

"Ah...", cacareja a senhora G, falsa. "Que chato. Realmente, muito chato."

Assim que nos afastamos um pouco, minha mãe diz: "Todo mundo detesta ela".

Então chega Boris, um velho esquerdista agitando o punho para nós ainda a uma distância de meio quarteirão.

"Aqueles sacanas!", grita. "Vocês viram o que aqueles sacanas lá de Washington fizeram agora?"

"Não, Boris", proclama minha mãe. "Não fiquei sabendo. O que aqueles sacanas de Washington fizeram agora?" Os olhos dela se estreitam. "Para esse aí", diz ela para mim antes que ele se aproxime, "nunca saímos de 1948."

Olho para ela em silêncio. Ela inclina a cabeça para trás, me olhando de cima.

"Está bem, está bem", diz. "Sei o que você está pensando."

Continuo em silêncio.

Mais um quarteirão e ela estoura: "Não consigo evitar! Essa gente!".

"Ainda não são as pessoas certas, não é, mãe?"

Duas garotas russas na rua 34.

Uma bate os pés no chão: "*Nyet Grisha!*".

Mentalmente, bato meus pés no chão: "George não!".

Existe uma foto famosa de Robert Capa que está pregada há muitos anos no quadro de avisos acima de minha escrivaninha. Foi tirada em 1948, numa praia da França, e mostra uma jovem sorridente de vestido de algodão e grande chapéu de palha avançando pela areia enquanto um velho de aspecto sólido anda atrás dela segurando um guarda-sol sobre sua cabeça: uma rainha e seu escravo. A jovem é Françoise Gilot e o velho é Pablo Picasso. Como Robert Capa era um artista, a foto está impregnada de complexidade emocional. No começo, tudo o que a pessoa que olha a foto registra é o triunfo iluminado-de-dentro no sorriso de Gilot; e logo atrás a servidão afável de Picasso. Mas continue olhando e verá nos olhos de Gilot que ela acredita que seu poder é eterno; depois vai ver a fria mundanidade que há por trás da deferência apaziguante de Picasso. Você percebe, com um impacto: Gilot é Ana Bolena em seu momento de glória e Picasso o rei cheio de apetite antes de fartar-se dela.

A fotografia tem tanta vida que chega a ser chocante: ao mesmo tempo excita e horroriza. Na maioria dos dias nem volto os olhos na direção da foto, mas nos dias em que tomo conhecimento dela, ela nunca deixa de provocar dor e prazer, em partes iguais. O problema está nas "partes iguais".

Daniel telefonou para me dizer que Tomas está com câncer. Fazia três ou quatro anos que eu não via Tomas nem ouvia falar nele, mas a notícia me deixou sem ar. Havíamos todos crescido juntos num certo setor do Bronx, um bando de dez ou quinze crianças destinadas a andar na companhia umas das outras do primário à faculdade. Desde o momento em que nossas vidas começaram a tomar forma, a maioria de nós havia se distanciado dos demais, sem deixar de acompanhar, ao longo dos anos, o que acontecia com cada um dos outros, já que no grupo estavam as pessoas que haviam proporcionado a cada um de nós nossa primeira emoção erótica, nossa primeira experiência de amizade cultivada e depois traída, nosso primeiro gostinho de privilégio misteriosamente oferecido e também misteriosamente retirado. Tomas era especial nesse grupo: foi ele quem nos forneceu o primeiro vislumbre de ansiedade existencial.

Ele havia se reunido a nós quando estávamos com uns doze anos de idade: era órfão e estrangeiro. Nascera e crescera na Itália, e quando seus pais morreram num acidente de carro em algum lugar da Europa, ele foi despachado como um pacote para os Estados Unidos, para a família de uma tia que morava no edifício ao lado do nosso. Um dia, ele apareceu no quarteirão — moreno, quieto, sério —, parado calmamente ao lado de um grupo ao qual pertenciam os garotos que estavam jogando bola no meio da rua: olhando. Simplesmente olhando. No dia seguinte, lá estava ele de novo: moreno, sério, quieto. Anos depois, ele me contou que ficava em silêncio porque mal sabia falar inglês; mas mesmo depois de aprender inglês, continuamos a percebê-lo como um garoto cujo silêncio assustador nos afetava de maneira estranha: cada um de nós desenvolveu a mesma necessidade imperiosa de provocá-lo.

Filhos de imigrantes da classe trabalhadora sem tempo ou disposição para dedicar-nos a atenção requerida, quando estávamos soltos na rua ficávamos interessadíssimos em perceber-nos nas reações que conseguíamos provocar uns nos outros. Nossos jogos não eram exatamente jogos, mas exercícios nos quais força, inteligência, malícia, engenho, determinavam diariamente em que ponto estava cada um de nós na hierarquia de valor e respeito da única sociedade que nos importava: a das crianças do quarteirão. Tomas ficava à parte daquilo tudo. Tal como os outros, ia para a rua diariamente depois da aula, mas nunca participava das brincadeiras de bola nem dos jogos com palavras nem das discussões; simplesmente ficava parado na rua, olhando. Quando um de nós falava com ele, que era o que um de nós fatalmente fazia, ele respondia com monossílabos.

O normal seria que uma criança assim fosse ignorada ou francamente rejeitada, mas, paradoxalmente, a distância mantida por Tomas nos atraía para ele como um ímã. Havia um estranho fascínio em seu isolamento. Nenhum de nós teria sabido dizer por que razão, mas fazer Tomas reagir era uma meta que nós, meninos e meninas igualmente, nos sentíamos compelidos a atingir. De alguma maneira, o comportamento dele tinha um quê de julgamento: como se estivéssemos sendo avaliados e fôssemos considerados incapazes. Inconscientemente, me ocorre agora, cada criança começou a sentir que se tivesse sido melhor, mais inteligente, mais interessante, se tivesse demonstrado mais personalidade ou determinação, Tomas teria se juntado a nós alegremente, mas, como não havíamos feito nada disso, ele preferia se manter à parte.

Depois que ficamos mais velhos — e viramos adolescentes dando um tempo no quarteirão, na confeitaria ou nos corredores do edifício quando fazia mau tempo —, nada mudou.

Àquela altura, nossos jogos consistiam sobretudo em discussões apaixonadas que duravam horas, nas quais pelo menos dois de nós ficavam em posições opostas e todos os outros se alinhavam tumultuadamente desse lado ou daquele. Todos, exceto Tomas, que continuava ali conosco, mas separado de nós; e cuja aprovação todos continuavam almejando. No meio da discussão, um ou outro de nós sempre se virava para ele e dizia: "O que você acha, Tomas?", ou "É isso, não é mesmo, Tomas?". Tomas, por sua vez, fazia que não com a cabeça com ar soturno, como se dissesse: "Deus do céu, não acredito em vocês, caras", ou balançava a cabeça devagar, como quem concorda com relutância.

Mais de uma vez, porém, quando a conversa esquentava e ficava insultante — que era o que ocorria quando nossos escassos poderes intelectuais começavam a falhar —, Tomas nos surpreendia intervindo, não quanto a algum elemento específico da discussão, mas quanto a nossa selvageria verbal. Ele nunca tomava partido ou defendia uma opinião, mas sua testa se franzia, sua boca começava a se comprimir e, então, ele próprio parecendo intrigado, declarava com suavidade: "Isso não é correto, simplesmente não é correto". Quando isso acontecia — embora ninguém soubesse dizer por que —, as vozes contraditórias esmoreciam e cada um de nós reavaliava a situação. Foi assim que Tomas ficou sendo nosso Salomão: o árbitro da correção moral. Quanto mais atuávamos e ele não, mais recorríamos a ele como mediador quando a discussão saía de controle; quanto mais recorríamos a ele, mais ansioso cada um de nós ficava para que a avaliação dele fosse a nosso favor. E tudo isso porque ele nunca apostou nenhuma ficha.

Para as mulheres, Tomas logo se mostrou irresistível — embora nunca tivesse apostado nenhuma ficha nesse jogo, também. Desde o dia em que completou dezoito anos, garotas e mulheres enxameavam em volta dele e a todas ele tratava com a mais perfeita cortesia, independentemente de ir ou não para a cama com elas; cada uma estava convencida, pelo menos durante algum tempo, de que haveria de ser a exceção que confirmava a regra; mas nenhuma alterou o distanciamento dele, por pouco que fosse.

Não sei quando foi que me ocorreu que a experiência de perda precoce por que Tomas havia passado — pais, língua, inclusive o país natal — não parecia ser explicação suficiente para ele ser como era; em vez disso, estava parecendo que essas perdas eram o correlato objetivo de uma condição cujas origens estavam em outro lugar. E então um dia me dei conta de que a distância que ele mantinha não era de nós, mas dele mesmo, e que as características dessa distância haviam sido determinadas havia muitíssimo tempo e bem longe dali; e lembro-me de ter pensado então (tal como penso hoje) que Tomas era um desses seres fadados praticamente desde o nascimento a permanecer um estranho para si mesmo.

O que estávamos testemunhando como crianças era nosso primeiro vislumbre do tipo de isolamento interno que mais tarde na vida reconhecemos como primal em sua própria natureza. Nos anos que se seguiram à vida no Bronx, eu e praticamente todas as mulheres que eu conhecia se apaixonaram pelo menos uma vez por um Tomas, sempre na mesma esperança vã de que o *nosso* calor é que haveria de penetrar no frio que havia no centro; vã porque nenhuma quantidade de amor é capaz de derrotar a força tsunâmica daquela melancolia primitiva.

Para nós, crianças, teria sido impossível compreender essas coisas, mas havíamos percebido tudo e, muito adequadamente, experimentado como uma ameaça à nossa própria humanidade. Como todos vínhamos de sólidas linhagens camponesas — boa parte das quais do tipo propenso a cultivar superstições —, foi um fato assaz notável que tivéssemos lutado para sobreviver à ameaça seduzindo-a em vez de expulsá-la a golpes de bastão.

Uma vez, quando estávamos com quarenta e tantos anos, Tomas me disse: "Sempre tive um efeito engraçado sobre as pessoas. Como se houvesse alguma coisa em mim à qual elas querem chegar, algum segredo que imaginam que estou escondendo delas. Eu nunca soube do que se trata. Tentei dizer a elas, principalmente às mulheres: Ei, meu bem, o que você está vendo é o que eu sou. Não tem mais nada. Ninguém acredita. Todos acham que tem mais alguma coisa. Mas não tem. Pode acreditar. *Não tem*".

Eu acreditava, e tentei explicar a ele não apenas o efeito que ele tinha sobre nós quando crianças, mas como eu havia levado a metade de uma vida para entender aquilo — e isso só porque, expliquei, com o passar dos anos eu muitas vezes vira aquela perigosa desconexão operando em mim mesma. Sobre o que eu estava falando? Pobre criatura, ele não fazia a mais pálida ideia. Ficou ali parado me olhando como nos velhos tempos.

Cedo pela manhã numa sexta-feira de primavera, carros vindo de três direções estão parados no meio da Abingdon Square; no meio deles, um rato correndo freneticamente de um lado para o outro. Um homem vira a esquina bem perto do lugar onde estou imóvel, mesmerizada. Tem quarenta e poucos anos, veste short cáqui e camisa militar de um azul-vivo e carrega uma sacola de compras da Whole Foods em cada mão. As melenas castanhas estão ficando grisalhas, as feições são penosamente delicadas; seus olhos piscam, preocupados, por trás do óculos de designer.

"O que está havendo?", exclama na minha direção.

Acompanha com os olhos meu dedo apontado.

"Ah", diz, cansado. "Um rato neu-rótico."

"Ou um prelúdio para a praga", digo.

"Pois esse é um pensamento só um pouco mais reconfortante."

Por um momento o homem olha, pensativo. Depois faz que não com a cabeça.

"Coitado do bicho. Está procurando uma saída, mas não há saída. Pode acreditar. Eu sei."

Recolhe outra vez suas provisões refinadas e segue seu caminho, agora sobrecarregado pela sabedoria inútil que só raramente precisa encarar.

Perambulando à toa pelo Metropolitan, vou parar na ala egípcia. Estamos em época de férias — qual terá sido o impulso que me trouxe até aqui hoje? — e o lugar está lotado de turistas: cada vitrine cercada de homens, mulheres e crianças estacados, munidos daquelas horrorosas cápsulas de cultura cujos auriculares emitem um zumbido sinistro de ruído para todas as pessoas a uma distância de três metros. Nesses momentos, abomino a democracia.

Mas nisso as águas se abrem e estou diante de uma estatueta de madeira folheada a ouro, com os contornos dos olhos pintados sobre o dourado com kajal. É a imagem de uma jovem deusa (o nome dela é Selket), e sua missão é montar guarda às entranhas que foram retiradas do corpo mumificado de Tut e que estão guardadas num cofrinho encaixado na própria imagem do rei. Ela (a deusa) é de uma beleza estonteante; seus seios, seus ombros e sua barriga são promontórios de ternura esculpida. Está em pé com os braços esguios abertos, como se suplicasse à escuridão na qual Tut está entrando que permita que a pureza de espírito que habita sua fragilidade humana interceda por ele. Inesperadamente, ela me comove a tal ponto que o ruído à volta recua, e no súbito silêncio sinto lágrimas brotando não dos meus olhos, mas de algum lugar mais profundo.

Embora esteja sozinha com a deusa e não tenha para quem emitir um som, mesmo assim me sinto sem fala: incapaz de encontrar dentro de mim palavras que descrevam a emoção provocada por aquele pedacinho de madeira folheada a ouro. Uma melancolia tremenda me envolve. Uma vez mais, como aconteceu com regularidade irregular ao longo de minha vida em vigília, aquela sensação enjoativa de linguagem sepultada muito no fundo dispara por meus braços, minhas pernas, meu peito, minha garganta. Se pelo menos eu conseguisse fazê-la chegar ao cérebro, a conversa comigo mesma talvez pudesse começar.

Chegando à meia-noite a Downtown, Nona Avenida, logo depois da rua 57, o ônibus diminui a velocidade por causa do trânsito (que em Nova York nunca para), e, à entrada de um bar White Rose, vejo um casal. Os dois dão as costas para o ônibus, mas percebo que estão vestidos com negligência e pouco firmes nas pernas. O homem segura a mulher pelo braço e o puxa enquanto ela se esforça para abrir a porta do bar. Ao não conseguir soltar-se do homem, a mulher se vira e posso ver seu rosto gasto enquanto ela diz: "O que você quer de mim?". Ele, acho, não responde, simplesmente continua a agarrá-la. Vejo aquela mão buscando inutilmente a mulher e posso sentir o desespero na rigidez do pescoço dele. "Não sei o que eu quero", é o que diz, "mas *quero*."

Penso: Vocês dois não sabem que precisam ser mais atraentes do que são para estar encenando esse ato?

Não. Eles não sabem.

Encontro Gerald em Midtown.

"Você me usou!", ele disse.

"Não tão bem quanto poderia ter usado", respondi.

Ele ficou ali de pé olhando para mim, com as lembranças toldando seus olhos.

"Qual era mesmo o problema?", ele perguntou, com ar cansado.

"Coração", falei, "não tinha como dar certo. Eu estava decidida a chegar... aonde cheguei."

"Qual é a sua?", ele rebateu. "Precisava fazer um tal holocausto com a gente? Por que não parou de criar caso enquanto não me deixou só com o gosto da sua maldita insatisfação na boca?"

Senti meus olhos se voltarem para dentro, para aquela espessa opacidade branca que envolve meu coração quando se trata de amor erótico.

"Não aguento homem", falei.

"Que diabos você quer dizer com isso?", ele perguntou.

"Não sei direito."

"Quando é que você vai saber direito?"

"Não sei."

"E enquanto isso, o que você faz?"

"Anoto coisas."

O hábito do isolamento persiste. Leonard diz que se eu não transformar o isolamento em solidão útil, serei a filha da minha mãe para sempre. Tem razão, claro. A pessoa é sozinha devido à ausência do outro idealizado, mas na solidão útil *eu* estou aqui, fazendo companhia imaginativa a mim mesma, soprando vida no silêncio, preenchendo o recinto com a comprovação de meu próprio ser senciente. Foi com Edmund Gosse que aprendi a estruturar esse insight. Em suas notáveis memórias, *Father and Son* [Pai e filho], Gosse descreve como, aos oito anos, depois de flagrar o pai numa inverdade, o menino se vê tomado por uma perturbação interna. Se papai não sabe tudo, se pergunta o menino, então o que ele *sabe*? E que atitude tomar diante do que ele diz? Como se faz para saber no que acreditar e no que não acreditar? No meio dessa confusão, ele de repente se dá conta de que está falando consigo mesmo.

"De todos os pensamentos que assolaram meu pequeno cérebro selvagem e não desenvolvido naquela crise", escreve Gosse, "o mais curioso era que eu havia encontrado um companheiro e confidente em mim mesmo. Havia um segredo neste mundo, e ele pertencia a mim e a alguém que vivia no mesmo corpo comigo. Éramos dois, e podíamos falar um com o outro... Para mim, foi um imenso alívio encontrar um parceiro em meu próprio peito."

No fim do século XIX, grandes livros sobre mulheres em tempos modernos foram escritos por homens de gênio literário. Num período de vinte anos haviam saído *Judas, o obscuro*, de Thomas Hardy, *Retrato de uma senhora*, de Henry James, *Diana of the Crossways* [Diana das encruzilhadas], de George Meredith; mas por mais perspicazes que fossem esses romances, foi *The Odd Women* [As mulheres singulares], de George Gissing, que falou mais diretamente a mim. Eram os personagens dele que eu conseguia ver e ouvir como se fossem mulheres e homens que eu mesma conhecia. E mais, reconheci a mim mesma como uma das mulheres "singulares". De cinquenta em cinquenta anos, a partir da Revolução Francesa, as feministas foram denominadas "novas" mulheres, mulheres "livres", mulheres "liberadas" — mas Gissing tinha captado a coisa com perfeição. Éramos as mulheres "singulares".

O romance se passa em Londres, em 1887. Mary Barfoot, uma fidalga na faixa dos cinquenta anos, dirige uma escola de secretárias para treinar garotas da classe média para trabalhos que não fossem o de professora ou governanta. Sua colega é Rhoda Nunn, trinta anos, bonita na categoria morena, extremamente inteligente, inabalável em seu desprezo declarado pelo que denomina escravidão do amor e do casamento; não existe argumento em favor da união legal que Rhoda não desautorize instantaneamente.

Enter Everard Barfoot, o inteligente, rico e determinado primo de Mary, cujo confronto intelectual com Rhoda (a glória do livro) se torna segura e reciprocamente erotizado. É a história desses dois que Gissing acompanha com habilidade, paciência e compreensão. O que — é a pergunta do livro — homens e mulheres devem ser, tanto para si mesmos como um para o outro?

Tanto Rhoda como Everard se veem dedicados à proposta de uma parceria leal entre os sexos, mas, na análise final, os dois empreendem uma jornada de dois passos à frente, um passo atrás no autoconhecimento que explica o passo de lesma com que avançam as mudanças sociais.

A inteligência de Barfoot o convence de que está em busca de companheirismo no casamento: "Para ele, o casamento deve [...] significar [...] o estímulo recíproco de mentes vigorosas [...]. Seja a mulher que outra coisa for, ela que tenha miolos e a capacidade de usá-los [...] intelecto era a primeira exigência dele". Ao mesmo tempo, porém, o apetite pela dominação exerce uma influência ainda mais forte sobre ele. Juntamente com o prazer que a inteligência de Rhoda lhe proporciona, seus pensamentos consideram até que ponto "uma disputa entre as vontades dele e dela seria uma diversão francamente do seu agrado [...]. Ele ficaria encantado em enfurecer Rhoda e em seguida interrompê-la pela força, impor-se a seus sentidos, ver seus longos cílios pesarem sobre aqueles olhos eloquentes".

Quanto a Rhoda — sobranceira em sua convicção de que antes de mais nada as mulheres precisam tornar-se "seres humanos racionais e responsáveis" —, ela se pronuncia regularmente sobre suas convicções com uma aspereza defensiva que trai sua própria ignorância emocional. Quando Barfoot a repreende por sua altiva severidade — "Talvez você leve muito pouco em conta a fraqueza humana" —, ela replica com frieza:

"A fraqueza humana é uma desculpa que tem sido muito evocada, geralmente com espírito interesseiro". Everard vibra com essa reação, mas ao mesmo tempo ela o faz sorrir. O sorriso assusta Rhoda e a faz reagir com grosseria — "Senhor Barfoot [...] se o senhor está praticando seus poderes de ironia, eu preferiria que o senhor escolhesse alguma outra pessoa" —, mas na verdade o confronto excita os dois.

A atração entre eles está ancorada no antagonismo clássico entre interesse sexual elevado ao máximo de magnetismo e máximo de exaustão. Despojado de ternura ou simpatia, esse antagonismo exaure os nervos e acaba se consumindo na autofragmentação e na autoestima. Um ano e muitas conversas surpreendentes depois, quando seus sentimentos por Rhoda estão consideravelmente avançados, Barfoot continua dividido: "Amando-a como nunca havia imaginado amar, ainda restava nele uma tal parcela da birra que no início o fazia detestá-la que para ele a única alternativa era a rendição incondicional". Ao mesmo tempo, Rhoda — com os sentidos plenamente estimulados pela primeira vez na vida — está rapidamente perdendo o conforto de suas certezas imperiosas. Agora de fato atraída por Everard, está repleta de ansiedade com a ideia de ceder ao desejo. A insegurança e a apreensão se tornam seus companheiros cotidianos.

No fim, por mais que muitas palavras sejam desfiadas entre eles, Everard é desmontado pela necessidade de comandar, e Rhoda pela humilhação de duvidar de si mesma. Ele se refugia num casamento convencional e ela conquista a independência sem sexo. Apenas por um breve instante, uma pequena parcela de cada uma dessas pessoas havia feito um movimento no sentido de abraçar a dificuldade de fazer o possível para adquirir a integridade necessária para formar uma "nova" aliança — para depois recair no lugar do espírito onde é aceitável deixar de continuar fazendo o esforço.

Ao acompanhar Rhoda Nunn enquanto suas polêmicas irrompem e suas emoções aterrorizam, vemos que ela nunca teria tido condições de controlar as consequências que o conflito entre ela e Barfoot desencadearam. O que a torna tão real é sua confusão. Sue Bridehead, de Hardy, Isabel Archer, de James, Diana of the Crossways, de Meredith, são todas criaturas magníficas — e todas similarmente confusas, digamos —, mas é em Rhoda que reconheço a mim mesma e a outras de minha geração: sem retoques. Nenhum outro escritor captou o avanço de nossas dores, nossas ansiedades, nossas bravatas tão precisamente quanto Gissing ao submeter Rhoda Nunn a certas provações bem conhecidas. Imagine só (como posso fazer sem dificuldade) a ignorância por trás daquela fria paixão com a qual ela, depois de ver a luz do feminismo, tão orgulhosamente declara: Amor sem igualdade? Dispenso! Filhos e maternidade? Desnecessário! Sanção social? Bobagem! Entre o ardor da retórica de Rhoda e os ditames da realidade da carne e do sangue existe uma terra de ninguém de convicção não posta à prova. Com que facilidade proclamamos — nós, tal como Rhoda —, iradas: Para o diabo com essa coisa toda! Que instrutivo experimentar a força incontrolável de sentimento que corrói sem cessar essas ingenuidades insolentes. Enquanto avança inexoravelmente para o momento em que irá faltar a si mesma, Rhoda se transforma na personificação ambulante da fissura que há entre teoria e prática: esse lugar onde tantas de nós fomos parar uma e outra vez.

Às vezes acho que para mim essa fissura se transformou num valo no fundo do qual perambulo, como num progresso do peregrino, sempre na esperança de escalar seu paredão e chegar à planície antes de morrer.

Uma igreja do meu bairro serve sopa a quem quiser. Todas as manhãs, há uma fila de homens (nunca vejo mulheres na fila) da porta da igreja até o fim do quarteirão, e virando a esquina. Tantos desses homens mal param de pé — esta manhã vi um com um dos olhos meio desorbitado, outro parcialmente nu debaixo de uma capa de chuva justa demais para abotoar —, mas mesmo assim conversam calmamente entre si, trocam jornais, guardam os lugares um do outro na fila se alguém dá uma saidinha, o tempo todo controlando a porta aberta da igreja com infinita paciência no olhar.

Em meados da década de 1930, um jornalista chamado Orville John cobriu uma greve de apanhadores de fruta no Imperial Valley, na Califórnia, e ficou tão comovido com a dignidade dos grevistas que escreveu sobre eles como sendo homens com "rostos avariados dignos de Michelangelo". Hoje a fila do lado de fora da igreja trouxe de volta à minha cabeça, flutuando, essa observação memorável.

Ontem à noite no jantar, eu estava dizendo a Leonard que tinha acabado de assistir a um filme do início da década de 1930 no qual a atriz principal interpreta uma "aviatrix" (é assim que ela é chamada, uma aviatrix) por quem um empresário rico se apaixona loucamente. O espírito, a coragem, a paixão por voar: tudo nela o seduz. No começo, a pilota está nas nuvens: terá tudo o que deseja ter; mas assim que ela e o amante se casam, ele lhe pede que deixe de voar. Agora que ela é mulher dele, é preciosa demais para correr o risco. Vai daí que, para o empresário, a capacidade que tem a mulher de pilotar um avião funcionou como o equivalente de beleza em outras mulheres: uma carta alta que ela possuía na competição que travam todas as mulheres para atrair um digno marido e protetor. Agora que *a meta* fora concretizada, já não havia necessidade de ela continuar voando.

Feito antes que o código de decência passasse a ser adotado, o filme foi magistralmente escrito — ou seja, o roteiro era adulto —, e interpretado com a dose exata de garra, glamour e dor. Como você explica, pergunto a Leonard, agora que por aqui a política liberacionista já completou quarenta anos, que sejamos incapazes de produzir uma coisa minimamente competente feito esse filme? Não existe filme, peça ou romance com diálogos tão bons quanto os dele para falar do modo como vivemos agora.

"Muito simples", diz Leonard. "Uma vez que o conflito fica público, a política floresce e a arte desanda. A pessoas como nós, resta contemplar uma postagem de internet com um punho erguido, uma fita cor-de-rosa, uma tatuagem de 'joinha'."

Minha mãe recebeu o convite para o almoço anual dos benfeitores da Filarmônica e me pediu para ir também, como sua convidada. A participação dela nesse almoço é uma brincadeira de família.

A partir do momento em que ela ultrapassou o marco dos trinta anos como assinante dos concertos de sexta à tarde da Filarmônica, ela — que vivia do auxílio da Previdência Social e de uma minúscula aposentadoria do sindicato — passou a ser convidada a almoçar ao lado do RP da orquestra. Ela achou que era um reconhecimento por ter se mostrado uma leal amante da música, mas no fim ficou claro que estava sendo adulada como potencial doadora: na qualidade de alguém que se lembraria de incluir a Filarmônica em seu testamento. Quando se deu conta do sentido da coisa, disse: "Ah, é do meu *dinheiro* que vocês estão atrás! Está bem, deixo duzentos para vocês".

O RP, habituado a heranças de milhares, piscou para ela. "*Duzentos*?", repetiu, sem acreditar.

"Está bem", ela respondeu, a contragosto. "Quinhentos."

Aparentemente os dois se deram conta ao mesmo tempo do tamanho do mal-entendido e caíram na gargalhada. Na mesma hora, o RP nomeou minha mãe "Amiga da Filarmônica" e, daquele dia em diante, ela recebe um convite para o almoço anual dos benfeitores.

No salão de refeições do Lincoln Center, a apresentação já está em andamento. Aquele mesmo RP está diante de uma lousa coberta de algarismos; tem uma vareta na mão e se dirige aos presentes. Em mesinhas redondas estão sentados homens e mulheres vestindo ternos azuis e vestidos de seda, mas mesmo assim com um aspecto bem semelhante ao de minha mãe, que veste poliéster. O grande nivelador, aqui, é a idade.

Minha mãe se instala num assento vazio, me puxa para que eu ocupe o assento ao lado dela, e faz um sinal imperioso para o garçom, para que ele traga sua salada de frango.

"E depois que vocês falecerem", está dizendo o homem da lousa, "a Filarmônica vai poder receber esse dinheiro que vocês destinaram a ela com esses descontos de imposto que estou destacando agora. Se escolherem o plano B, os filhos de vocês talvez se queixem de que devido a esse plano estarão perdendo quarenta mil dólares para a Receita Federal. Mas" — e ele abre um sorriso para os presentes — "vocês podem resolver essa queixa com facilidade. Simplesmente comprem uma apólice de seguro e *deixem* para eles um extra de quarenta mil."

Minha mãe olha para mim francamente divertida; depois bufa, depois ri alto enquanto o RP continua fornecendo instruções sobre como legar cem mil dólares limpos para a famosa orquestra. As pessoas se viram para olhar para ela, mas ela não se incomoda. Está se divertindo à grande. Aprendi a manter a calma nesses momentos.

Concluído o almoço, ela se levanta depressa e corre para a fila de cumprimentos que está se formando ao lado do RP, cuja mão todos querem apertar. Ao vê-la, ele segura a mão dela e exclama: "Alô! E *a senhora*, como está?".

"Você sabe quem eu sou?", ela pergunta, tímida.

"Claro que sei", é a resposta animada.

Ela fica ali parada, sorridente. Ele sabe quem ela é. Ela é a mulher que derrotou o sistema. Não tem dinheiro, mas está ali, de olho cravado no *hoi polloi* enquanto o pessoal polvilha na cultura um pouco de seus ganhos mal-adquiridos... É o ponto alto da manhã, o triunfo do dia; depois daquilo, tudo é anticlímax. Fiz de tudo para transformar minha mãe numa feminista, mas esta manhã constato que para ela não há nada nesta vida que se compare a classe. Não faz diferença. Conclusão energizante: todo mundo é igual.

Numa tarde chuvosa no meio da semana adquiro ingresso para uma nova produção de *Gypsy* na Broadway. Com a inflação do jeito que está, continuo ocupando um lugar na galeria. Tudo bem. A partir do segundo em que a trilha brota do poço da orquestra e volto a ouvir seu antirromântico som romântico — o som, como Leonard costumava dizer, de todo musical já escrito —, começo a me entregar à deliciosa calidez da nostalgia, preparando-me para um belo mergulho. Para minha surpresa, constato que o prazer demora a chegar, e, à medida que o musical prossegue, algo semelhante às dores da abstinência começa a ocupar o lugar da expectativa de prazer. Pelo jeito esqueci a que ponto *Gypsy* é uma peça singela, como seus ressentimentos são viscerais e sua batida implacável. Pensando melhor, talvez não seja tanto uma questão de esquecimento; talvez seja mais exato dizer que já não sou o público para essa peça de teatro que sempre considerei icônica.

A primeira vez que assisti *Gypsy* estava com vinte e poucos anos e Ethel Merman fazia o papel de Rose, a mãe de palco mais infame que já se viu. Merman foi um dos vozeirões mais incríveis de nossa época, com um estilo de atuação à altura. Em seu desempenho não havia sombreado, nem nuance, nem segundos pensamentos. Ela era uma força da natureza no palco — crua e irresistível — e eu adorava aquilo. Adorava com uma adoração dura, exigente, que me assustava e entusiasmava. O som chocante, ousado, sem barreiras daquela insistência vulgar, a pura energia daquilo! Eu conhecia a peça muito bem. Havia crescido com ela. Rose era um monstro — Leonard a chama de Hedda Gabler judia —, isso eu podia ver, qualquer um podia ver: feroz, ignorante, faminta. Sim, sim, sim. Ali estava eu, aquela universitária mal saída do gueto dos imigrantes, com uma ideia de que o mundo pertencia a qualquer um menos a mim, e afogada numa energia que vem tão lá do fundo que ela mesma faz suas próprias leis; e me deixa com um sentido de natureza negada capaz de levar um anarquista a jogar uma bomba. Quando "Rose's Turn" chegava à galeria, minha cabeça estava explodindo de um júbilo de reconhecimento que nada seria capaz de diminuir ou de algum dia fazer parecer injustificada. Rose era um monstro? E daí! Ela era o *meu* monstro. Estava lá no palco fazendo aquilo para mim. Anos mais tarde, eu sentada numa sala de cinema assistindo a algum filme do gênero *black exploitation* enquanto o protagonista, na tela, demolia todos os que apareciam e todos ao meu redor berravam "Yes! Yes! Yes!", entendi no fundo dos ossos o regozijo assassino do público. Afinal, eu vira Ethel Merman demolindo todo mundo e sentira a mesma coisa.

O gênio de *Gypsy* — que é a história de uma famosa stripper e de sua mãe ultrajante — está no ponto de vista da peça. É um ponto de vista que faz você ouvir a música de Jule Styne "duas vezes", deliciando-se na primeira com o cinismo infantil de "Let Me Entertain You", e na segunda crispando-se ao perceber seu desrespeito chocante.

Rose avança cegamente, desvencilhando-se de todo mundo devido à velocidade e à força de sua carência e, ao mesmo tempo, arrastando todos consigo. Para ela, ninguém — inclusive ela própria — é real, e cada adeus é uma perda intolerável. Já mais para o fim, quando até o devotado Herbie vai finalmente deixá-la, Rose está tão confusa que exclama: "Você está com ciúme, como todos os outros homens que já conheci. Porque minhas garotas são mais importantes!". Isso no momento em que está prestes a empurrar a filha Louise para uma encenação burlesca, sibilando para ela: "Prometa tudo a eles e não lhes dê nada". Segundos depois, Louise passará a ser a Gipsy Rose Lee que entra no palco anunciando: "Minha mãe me pôs nesta história. Ela disse 'Prometa tudo a eles e não lhes dê nada'". Depois olha com ar de troça para os homens perturbados salivando diante dela, e lhes diz: "Mas vou dar tudo a vocês. Só que vocês vão ter de implorar". Diante de nossos olhos, um monstro ainda maior acaba de nascer.

O momento é de desolação. Vemos para onde a peça estava indo o tempo todo: para a falência humana da fome desenraizada de Rose.

Agora, décadas depois, olho em volta quando *Gypsy* chega a "Rose's Turn". São tantos os rostos jovens (brancos e negros, garotos e garotas) com o aspecto que o meu próprio teve um dia: olhos brilhantes, bocas abertas gritando: "Yes! Yes! Yes!". Sinto meu próprio rosto congelar à medida que os deles ficam cada vez mais móveis, e me vejo pensando: Não tem como me esquivar disso, o único jeito é ir em frente e passar pelo meio.

É o gene da anarquia, vivo em todos os que nasceram na classe errada, na cor errada, no sexo errado — só que em alguns ele não se manifesta, enquanto em outros opera um holocausto —, que ninguém conhece tão bem quanto eu.

Na década de 1970, época em que a insatisfação social parecia estar brotando em todos os lugares dos Estados Unidos e milhares de americanos estavam adotando o discurso e a tática da rebelião antissocial, aderi ao destempero enfurecido do feminismo radical que explodia: "O casamento é uma instituição de opressão!"; "O amor é estupro!"; "Dormindo com o inimigo!". Quando volto a pensar no assunto, me dou conta de que nós, as feministas dos anos 1970 e 1980, havíamos virado anarquistas primitivas. Não queríamos reforma, não queríamos nem mesmo reparação; o que queríamos era derrubar o sistema, destruir o arranjo social fossem quais fossem as consequências. Quando nos perguntavam (como perguntavam repetidamente) "E as crianças? E a família?", grunhíamos (ou rugíamos): "Fodam-se as crianças! Foda-se a família! Chegou a hora de declarar nosso agravo e de fazer com que os outros também o sintam. O que virá depois não nos diz respeito".

Lá estávamos nós, mulheres da classe média, tão respeitadoras das leis, parecendo — naquele momento crucial de revolta sem mediação — rebeldes profissionais quando, na verdade, éramos apenas Rose exigindo nossa vez.

Assistindo a *Gypsy*, a palavra *apenas* me deixa com o gosto de cinzas na boca.

Outro dia achei que estava vendo Johnny Dylan sentado num banco do Madison Square Park. Impossível, claro, visto que ele morreu, mas o momento foi tão vívido que na mesma hora me veio à mente o que ele havia significado para mim na vida.

Há dez ou quinze anos a gente estava sempre se encontrando em algum lugar do bairro — fosse na Greenwich Avenue, fosse no Sheridan Square, ou na esquina da Quinta com a 14 — e quando nos encontrávamos imediatamente parávamos de andar. Eu dizia oi, ele inclinava a cabeça e por um momento ficávamos os dois ali, sorrindo um para o outro. Depois eu dizia: "Tudo bem com você?", e esperava calmamente enquanto a voz de Johnny se esforçava para encontrar um registro no qual, uma a uma, as sílabas pudessem se libertar para virar palavras que já não estivessem estranguladas em sua garganta.

Foi John Dylan que me ensinou a esperar. Na época, ele tinha sessenta e tantos anos, menor e muito mais magro do que havia sido um dia, mas seus olhos azuis estavam iluminados por um belo tipo de gravidade e em seu rosto estreito transparecia a sabedoria da paciência imposta. Às vezes o silêncio aprisionado naquela paciência parecia imenso, e eu vislumbrava a que ponto ele era mais sozinho do que o resto de nós.

Johnny tivera um derrame que o deixara afásico e que pusera um fim efetivo a uma das carreiras dramáticas mais marcantes do teatro nova-iorquino. Nas décadas de 1980 e 1990, o Public Theater era seu território, e os monólogos de Beckett sua assinatura como ator. Lúgubre e magistral, o seu era o trabalho de um homem em magnífico controle do material. Depois do derrame, John se extraiu de entre os mortos graças a um ato de vontade disciplinada que demonstrava na prática como a arte — tanto no espírito como no corpo — realmente é feita; mas ninguém imaginou que pudesse algum dia voltar a ouvir as palavras do grande dramaturgo irlandês emergindo daquela boca torcida.

Johnny havia vivido anos em Westbeth, o edifício dos Bell Laboratories, no Village, que em 1970 foi transformado em alojamentos subsidiados para artistas. O lugar ocupa um quarteirão quadrado e dá fundos para a West Side Highway e o rio Hudson — o apartamento-estúdio de John tinha vista para o rio — e abriga uma população de pintores, bailarinos e escritores, muitos dos quais estariam dependentes da ajuda social não fosse o aluguel baixo de Westbeth.

Sempre achei que aqueles apartamentos junto do rio refletem os ciclos alternados de otimismo e desolação que o edifício propriamente dito parece induzir. Numa noite de sábado na primavera, com a correnteza do rio passando depressa fora das janelas abertas, barcos delineados em luzes, arranha-céus cintilando para lá da água, risadas nos corredores do outro lado da porta do estúdio, aqueles cômodos estão impregnados de um sentimento da Nova York perene; e em outra ocasião, numa tarde de domingo no inverno, com o rio cinzento e congelado, nenhum ser humano à vista, e a cidade uma abstração, o mesmo espaço se impregna de um poderoso sentimento de solidão que parece ecoar pelo que agora se sente como quilômetros de corredores vazios do outro lado da porta.

Um dia, pouco antes de ele morrer, recebi um convite para uma leitura de John Dylan a ser realizada em seu apartamento-estúdio às dezenove horas. Como assim?, pensei, e fui. Ao chegar, encontrei vinte ou trinta pessoas sentadas em cadeiras dobráveis dispostas em fileiras, de frente para o rio. No espaço entre as janelas havia uma mesa redonda de madeira e uma cadeira. Sobre a mesa, uma luminária de haste comprida e um manuscrito. Encontrei assento vago numa fileira do meio — o primeiro depois do da ponta que ficava perto da parede forrada de livros à minha direita.

Às dezenove horas John avançou e se sentou na cadeira entre as janelas. Apoiou as mãos no manuscrito e olhou para nós por um momento. A sala ficou escura, com exceção do lago de luz brilhando sobre a mesa, e John começou a ler um trecho do monólogo de Beckett *Textos para nada*. A voz dele — não como a voz que eu escutava na rua — estava agora notavelmente firme e não parecia nem um pouco a voz de um ator lendo um texto. Em vez disso, parecia a voz de um homem falando diretamente do coração.

"Subitamente, não, por fim, enfim", dizia John em voz baixa, "não pude mais, não pude continuar. Alguém disse, Você não pode ficar aí. Eu não podia ficar ali e não podia continuar... Como continuar?... É simples, não consigo fazer mais nada, como se diz. Digo ao corpo, Vamos, de pé, e sinto o esforço que ele faz para obedecer, que não faz mais, que faz ainda, antes de desistir. Digo à cabeça, Deixe-o em paz, fique tranquila, ela para de respirar, e depois ofega ainda mais... Eu deveria afastar-me, do corpo, da cabeça, deixar que se entendam, deixar que parem, não posso, seria preciso que eu parasse. Ah, sim, somos mais de um, parece, todos surdos, nem isso, unidos para o resto da vida."

Todos endireitamos as costas, sentados em nossas cadeiras dobráveis, e os muitos pequenos movimentos de um público ainda não completamente envolvido cessaram de repente. No silêncio expandido, John voltou a falar, mas, abruptamente, sua partida vigorosa começou a perder o impulso, e a instabilidade que assombra sua fala foi voltando pouco a pouco. A voz dele começou a subir quando deveria baixar, a rachar quando deveria ficar firme, a se acelerar quando deveria se conter. Mesmo assim, supreendentemente, naquela noite a não confiabilidade não interferiu, e a apresentação continuou empolgante. Pouco a pouco me dei conta de que isso resultava do fato de que John não estava se opondo à perda de controle. Era como se ele tivesse sabido que aquilo iria acontecer e tivesse planejado antecipadamente uma tática de sobrevivência. Haveria de prosseguir, de manter-se a postos, na verdade de fazer uso do que viesse a surgir.

"Desde quando estou aaa-quiii?", guinchou, quando eu tinha certeza de que o texto pedia um tom apático — e o guincho funcionou.

"Que-per-gunta", ele acelerou. "Uma-ho-ra-um-mês-um--ano-cem-anos, conforme o que entendia por aqui, por mim, por ser, e aí" — e a velocidade ficou empolgante.

Repetidamente, ele se equilibrou na derrapada. Sempre que sua voz queria escapar, ele deixava que escapasse; tudo o que ela quisesse fazer, ele deixava. E Beckett o recebia. As palavras de Beckett dançavam, escalavam, rastejavam, para fazer o sentido que a voz de Johnny precisava fazer com elas, e a obra continuava convincente. Começando, parando, corcoveando, recomeçando, a peça passou a soar como se tivesse sido escrita precisamente para aquela leitura.

Então, um homem sentado perto da parede estendeu o braço para as estantes de livros e acionou o interruptor de um gravador. De repente, a voz de Johnny de vinte anos antes, lendo o mesmo monólogo, inundou a sala. A vibração educada — o som inconfundível de "Beckett no palco" em pleno comando de si mesmo — se espalhou pelo grupo.

"Me fiz de morto em todos os cantos", entoou o John de quarenta anos com amargura magistral, "de fome, de velhice, assassinado, afogado, e depois sem motivo, de tédio, é revigorante, um último suspiro..." A voz da fita se interrompeu, e todos ficamos convencidos de que a palavra "pausa" estava escrita no roteiro. "Lá em cima está a luz", ela prosseguiu, "os elementos, uma espécie de luz, suficiente para enxergar, os vivos encontram seus caminhos..." Nova pausa e, em seguida, a voz arrematou com elegância: "Ter sofrido sob aquela mísera claridade, que tolice".

À mesa entre as janelas, acima do lago de luz da luminária, o rosto de John brilhava de suor. O gravador foi desligado e num sussurro estrangulado o homem da mesa cuspiu: "E se eu recomeçasse de onde tudo se apagou, não, isso não vai dar em nada, nunca deu em nada... Tentei me jogar da falésia, na rua no meio dos mortais, não deu em nada, desisti... Tagarelando aqui até o fim dos tempos, murmurando, a cada dez séculos, Não sou eu, não é verdade, não sou eu, estou longe... Depressa, depressa, antes que eu chore".

O gravador foi religado.

"Não sei", observou o John indene. "Estou aqui, é só o que sei, e que ainda não sou eu, é com isso que é preciso se virar... Deixe tudo isso sem saber o que isso quer dizer, tudo isso."

O aparelho saiu do ar.

"Aonde eu iria", grasnou o homem à mesa, o rosto agora banhado em suor. "Se pudesse ir, o que seria, se pudesse ser, o que diria, se tivesse uma voz, quem é que fala assim, dizendo que sou eu?" Parou. "Não sou eu." Parou de novo. "Não sou eu... que ideia... só há eu, com minhas quimeras, esta noite, aqui, na Terra, e uma voz que não faz barulho, pois não se dirige a ninguém." Pausa. "Não é preciso uma história, não se exige uma história, apenas uma vida, foi o erro que cometi, um dos erros, ter querido uma história para mim, quando só a vida basta." Pausa. "Estou progredindo." Pausa. "Fico aqui, sentado, se sentado estou, muitas vezes me sinto sentado, às vezes em pé, uma coisa ou outra, ou então deitado, é outra possibilidade, muitas vezes me sinto deitado, um dos três, ou de joelhos." Pausa.

"O que conta é estar no mundo, pouco importa a postura, uma vez que se está na Terra. Respirar, é só o que se exige." Pausa. "Sim, há momentos como este momento, como esta noite, em que quase pareço restituído ao factível. E então passa, tudo passa, estou longe de novo... espero por mim ao longe para que minha história comece."

E então, e até o final, a voz dramática, estudada do John Dylan de quarenta anos contrapondo-se continuamente à voz partida, exaltada do Dylan que àquela altura havia vivido o roteiro de Beckett.

Fora, o rio corria escuro e turbulento; do outro lado da água, massas de luzes de arranha-céus disparavam para o céu; no corredor, do lado de fora da porta do estúdio, três pessoas estavam tendo uma discussão de vizinhos. A água, as luzes, as palavras no corredor: tudo parecia se agrupar em torno da criatura miúda, drenada, que se inclinava diante da mesa de madeira sem tocá-la. A criatura propriamente dita permanecia gloriosamente solitária: para além da dor, do prazer ou da ameaça. Eu sabia que estive ouvindo Beckett — verdadeiramente ouvindo Beckett — pela primeira vez.

Era uma manhã fria e clara de março. Logo depois de terminar de entrevistar um funcionário da prefeitura para uma peça que estava escrevendo, eu estava sentada no balcão de uma cafeteria na frente da prefeitura tomando um café, comendo um bagel e anotando os trechos de que me lembrava da conversa de pouco antes quando um homem se sentou na banqueta a meu lado. Estava de calça escura e paletó de tweed, aparentava cinquenta e poucos anos, e imaginei que fosse um funcionário público de nível médio. Quando acabei de comer, beber e escrever, me levantei, e me preparava para sair quando ele me disse: "Espero que não se importe, não consegui ler nem uma palavra do que você estava escrevendo, mas gostaria de lhe dizer algumas coisas que sei a seu respeito a partir de sua caligrafia". Surpresa, respondi: "Claro, diga". Olhei melhor para ele e vi que usava um anel nativo-americano grande, de prata e turquesa, e uma gravata caubói. Ele se inclinou para mim e disse devagar, mas atentamente: "Você é generosa. Quer dizer, tem uma tendência a ser generosa, mas as circunstâncias não permitem que seja. Por isso muitas vezes você não é. É assertiva. E um pouco agressiva. E aquele roteirinho... você é muito letrada, muito inteligente". Encarei-o por uma fração de segundo. "Obrigada", disse. "Belo retrato, lisonjeiro, esse que fez de mim." Ele pareceu aliviado por eu não ter ficado ofendida com alguma coisa. Então perguntei: "Minha letra é mesmo tão miúda?". Ele confirmou com a cabeça e disse que sim, era, e letra miúda, repetiu, é a marca das pessoas muito inteligentes. Claro, acrescentou (com muita delicadeza), há pessoas que têm letra muito menor e... "São os loucos ou os geniais", eu disse, concluindo a frase para ele. Ele fez uma pausa. "É", disse, sempre com muita delicadeza. "Acontece de serem geniais." Fiquei ali parada, olhando para ele com firmeza, talvez mesmo com gravidade. Ele sorriu e disse: "Ah, não se preocupe, minha letra tem o dobro do tamanho da sua". Nesse momento eu *não aguentei* e caí na gargalhada, mas a observação ficou circulando por baixo da minha pele por todo o resto daquele dia.

Estamos numa tarde de junho e estou dando uma volta pela Washington Square. Enquanto ando, vejo flutuar à frente, como uma imagem por trás de uma tela, a praça como ela era na minha juventude, posicionada exatamente por trás da praça que contemplo neste momento. Já faz bem uns cinquenta anos, quando meus amigos e eu costumávamos vir até aqui do Bronx, ou do Brooklyn, nas noitinhas de verão, e circular, olhando para uma amostra de mundo tão diferente da dos bairros onde vivíamos que até poderíamos estar na Europa. Na época, a praça era imaculada — as veredas limpas, bem varridas, os bancos pintados de novo, as fontes espirrando — e a verdura uma maravilha: milhares de folhas a cintilar nas árvores de um século de idade, cada arbusto, cada canteiro podado com capricho, a grama de um verde de veludo. E as pessoas da praça! Na época, era uma boemia de classe média, as mulheres sensuais, os homens poéticos, e, claro, todos brancos. Para nossos jovens olhos famintos a cena era uma promessa de cultura e de privilégio de classe... naquele tempo, nem um pensamento em nossas cabeças sobre raça ou sexo... que ansiosos estávamos para chegar lá! Todos nós passamos anos impregnados de um anseio romântico, e encantados com a beleza da praça naqueles doces entardeceres de verão.

Agora, aqui, acontece outro entardecer de verão e estou outra vez andando na praça. Com a rua atrás de mim e tudo que conheço esboçado no meu rosto, olho através da tela diretamente para aquelas antigas memórias e vejo que elas já não têm comando sobre mim. Vejo a praça tal como ela é — preta, marrom, jovem; cheia de seres errantes e junkies e péssimos guitarristas — e me sinto como eu sou, a cidade como ela é. Vivi e esgotei meus conflitos, não minhas fantasias, e Nova York também. Estamos quites.

Do outro lado da praça encontro Leonard, serenamente ali naquele entardecer para fazer sua própria caminhada. Começo a relatar as coisas de que estava me lembrando, mas antes que eu chegue ao fim de uma dúzia de frases ele já está confirmando com a cabeça. Compreende quase que por osmose o que estou dizendo porque também ele estava ali, tantos anos atrás, naqueles mesmos entardeceres de verão. "Provavelmente nós dois estávamos tentando pegar os mesmos caras", diz ele, rindo. Depois continua: "Mas eu também ficava encantado com os casais. Tentando desesperadamente me convencer a ser 'normal'. Quantos anos a gente tinha? Dezesseis? Dezessete? De alguma forma, mesmo então, eu sabia que nunca ia conseguir. Nunca".

Continuamos andando juntos, lado a lado; silenciosos; testemunhas do tipo imagem-espelho, cada um de nós, da experiência formadora do outro. A troca só vai se aprofundar, mesmo que a amizade não se aprofunde.

Agora estamos em outubro. Numa noite de sábado em meados do mês, Daniel me leva ao Winter Garden, no Battery Park City, para assistir a uma apresentação de um grupo de cantores renascentistas. Percorri inúmeras vezes esse adorável hall aberto, com seus pisos de mármore e sua vasta escadaria central, com as lojas e os restaurantes reluzentes e a janela alta, em arco, preenchida pelo porto de Nova York. Quem teria imaginado que essa peça elaborada de comércio arquitetônico e kitsch viria a ser um dos prazeres da cidade? Mas foi o que aconteceu — lotado a qualquer hora por um monte de gente querendo comprar, comer, perambular, assistir de graça a concertos ou peças de teatro apresentados quase todos os dias ao meio-dia ou às sete ou oito da noite.

Chegamos cedo para guardar lugar perto do palco móvel, na frente da janela em arco, depois nos afastamos para comprar sanduíches e café e sentar perto da água. A noite está amena, com o porto e o passeio cintilando sob os fios de luzes de barcos e terraços de restaurantes, a atmosfera festiva, animada, expectante de algum modo. Quando voltamos para nossos assentos, escureceu, e o enorme hall trepida de gente. Olho à volta e para meu espanto a escadaria inteira, erguendo-se, como num estádio, ao fundo do hall e subindo quatro ou cinco andares, está apinhada. Virando-me no assento, sinto um arrepio percorrer meu corpo, do tipo que acontece quando um nervo é tocado. Há um milhar de pessoas reunidas aqui, aglomeradas em todo o hall, à espera de sentir-se na música.

Pela primeira vez em décadas, sinto o espírito do Lewisohn Stadium vivo em minhas costas, e penso: Estão sempre me dizendo que vocês saíram da cidade aos magotes, mas, vejam, vocês continuam aqui. Ah, vocês trocaram de posição, visivelmente, já não dominam o cenário, a cidade já não é feita à imagem de vocês, mas aqui estão vocês; e aqui estou eu; e lá estão os cantores. É preciso que estejamos todos aqui, juntos, para encher o hall de alegria e, com ou sem morte urbana, a cidade ainda está a fim.

Um amigo lê o que andei escrevendo e me diz, enquanto tomamos café: "Você está romantizando a rua. Não sabe que Nova York perdeu setenta e cinco por cento de sua base industrial?". Com o olho da mente, encaro as fisionomias de todas as mulheres e todos os homens com quem interajo diariamente. Ei, pessoal, pergunto-lhes em silêncio, ouviram o que meu amigo acaba de dizer? A cidade está condenada, a classe média se mandou de Nova York, as empresas agora estão no Texas, em

Jersey, em Taiwan. Vocês se mandaram, não estão mais aqui, fim de papo. Como é possível que continuem na rua?

Nova York não é feita de empregos, respondem eles, mas de temperamento. A maioria das pessoas está em Nova York por precisar de provas — em grande quantidade — da expressividade humana; e não é que precise de vez em quando: precisa todos os dias. É disso que as pessoas *precisam*. Os que se mudam para as cidades gerenciáveis se viram sem isso; os que vêm para Nova York são os que não conseguem.

Ou talvez fosse o caso de dizer que quem não consegue sou eu.

É das vozes que não consigo abrir mão. Na maioria das cidades do mundo a população está plantada em séculos de ruelas de paralelepípedos, igrejas em ruínas, relíquias arquitetônicas, nenhuma das quais é escavada em momento algum, elas estão simplesmente empilhadas umas sobre as outras. Se você cresceu em Nova York, sua vida é uma arqueologia não de estruturas, mas de vozes, também empilhadas umas sobre as outras, também não chegando a substituir-se.

Na Sexta Avenida, dois homens miúdos, de pele escura, estão encostados num táxi estacionado. Um diz para o outro: "Olhe, é muito simples. A são os custos variáveis, B é a renda bruta, C são os custos fixos. Entendeu?". O outro homem faz que não com a cabeça. "Que tapado!", exclama o primeiro homem. "Você precisa *entender*!"

Na Park Avenue, uma matrona bem-vestida diz à amiga: "Na minha juventude, os homens eram o prato principal. Agora são um dos temperos".

Na rua 57, um homem com jeito de menino diz a outro: "Não me dei conta de que vocês eram amigos tão chegados. O que ela lhe dava, para você sentir tanta falta dela?". "Não é o que ela me dava", responde o outro. "É o que ela não levou embora."

Como diz o taxista da Sexta Avenida, alguém tem que levar; e no fim do dia, alguém leva.

Estou andando pela Oitava Avenida durante o rush das cinco da tarde, pensando em mudar uma palavra numa frase, e em algum ponto das ruas 40 não me dou conta de que o sinal para os pedestres ficou vermelho. A meio caminho da pista por onde se aproxima um caminhão, sou erguida do solo por um par de mãos que me segura pela parte de cima dos braços e puxada de volta para a calçada. As mãos não me soltam logo. Sou comprimida de encontro ao peito da pessoa a quem pertencem as mãos. Ainda consigo sentir o coração pulsando de encontro a minhas costas. Quando me viro para agradecer a meu salvador, estou olhando para o rosto de um homem de meia-idade, acima do peso, com olhos azuis luminosos, cabelo cor de palha e rosto vermelho-beterraba. Sem palavras, olhamos um para o outro. Nunca saberei o que o homem está pensando naquele momento, mas a expressão de seu rosto é inesquecível. Quanto a mim, estou apenas abalada, mas ele parece transfigurado pelo que acaba de acontecer. Seus olhos estão pregados nos meus, mas percebo que na verdade estão olhando para dentro. Me dou conta de que a experiência é *dele*, não minha. Ele é que sentiu a urgência da vida — e continua a segurá-la nas mãos.

Duas horas depois estou em casa, jantando em minha mesa, olhando para fora, para a cidade. Minha mente revisita em episódios rápidos todos os que cruzaram meu caminho hoje. Ouço suas vozes, vejo seus gestos, começo a dotá-los de vidas. Em pouco tempo, viraram companhia — uma companhia muito agradável. Penso comigo mesma: Prefiro estar com vocês, aqui, esta noite, do que com qualquer outra pessoa que eu conheça. Bom, praticamente com qualquer outra pessoa que eu conheça. Olho para cima, para o grande relógio na minha parede, o que dá a data junto com a hora. Está na hora de ligar para o Leonard.

Autorizações e agradecimentos

Agradecimentos pela autorização para republicar o seguinte material:

"I was walking along Forty-Second Street..." e "During the Second World War...", de *The Poems of Charles Reznikoff: 1918-1975*, de Charles Reznikoff, editados por Seamus Cooney. Publicados com a autorização de David R. Godine, Publisher, Inc., © Charles Reznikoff, 2005, editados por Seamus Cooney.

Um trecho de uma carta de Louise Bogan para May Sarton retirado de *What the Woman Lived: Selected Letters of Louise Bogan 1920-1970*, copyright 1973 e com a autorização do Louise Bogan Charitable Trust.

Um trecho de "George Gissing: A Neurotic for Our Times", de *The Men in My Life*, de Vivian Gornick, Cambridge, Mass.: The MIT Press, 2008.

The Odd Woman and the City: A Memoir, de Vivian Gornick

Publicado mediante acordo com Farrar, Straus and Giroux, Nova York

Grafia atualizada segundo o Acordo Ortográfico da Língua
Portuguesa de 1990, que entrou em vigor no Brasil em 2009.

capa
Flavia Castanheira
ilustração de capa
Nik Neves
composição
Jussara Fino
preparação
Claudia Mesquita
revisão
Erika Nogueira Vieira
Ana Alvares

Dados Internacionais de Catalogação na Publicação (CIP)

Gornick, Vivian (1935-)
Uma mulher singular / Vivian Gornick ; tradução Heloisa Jahn. — 1. ed. — São Paulo : Todavia, 2023.

Título original: The Odd Woman and the City
ISBN 978-65-5692-428-1

1. Literatura norte-americana. 2. Biografia. 3. Memórias. I. Jahn, Heloisa. II. Título.

CDD 928.1

Índice para catálogo sistemático:
1. Biografia : Memórias 928.1

Bruna Heller — Bibliotecária — CRB 10/2348

todavia
Rua Luís Anhaia, 44
05433.020 São Paulo SP
T. 55 11 3094 0500
www.todavialivros.com.br

fonte
Register*
papel
Pólen natural 80 g/m²
impressão
Geográfica

FSC
www.fsc.org
MISTO
Papel produzido
a partir de
fontes responsáveis
FSC® C019498